つよく かしこく 美しく

京女レシピ

発刊にあたって「食 いのち 感謝」

本書は本願寺新報に連載された「食と健康の教室」を再構成したものです。京都女子大学栄養クリニックから発信される料理と解説は、連載中から「簡単にできておいしい」「栄養の基本がよくわかる」と好評で、書籍化を望む声をたくさんいただきました。

発刊にあたってのタイトル「京女レシピ」は、京都女子大学の愛称が〝きょうじょ〟であることと同時に、京都の女性を表わす〝きょうおんな〟の意味合いも含んでいます。千年の都・京都で商工業の担い手として働いてきた強さと、各地からの観光客に対するおもてなしの精神を併せ持つ京都の女性をイメージして、サブタイトルは「つよく　かしこく　美しく」としました。

現代社会はものが溢れ、お金を出しさえすれば、いつでも食べ物が手に入る便利な世の中です。しかし豊かさとは裏腹に、日々の食を軽視し、体の不調を訴える人が増えています。自分や家族の体調を考え、旬の材料を使い、お金と時間をやりくりしながら料理することは、よりよく生きるための基本です。同時に人生の喜びであり心意気と言えるのではないでしょうか。「つよく　かしこく　美しく」は、女性だけでなく現代を生きる男性の必須条件でもあるはずです。

ただし、私たちは自らの「いのち」をつなぐために、他の「いのち」をいただいているという現実があります。仏教では、動物や魚だけでなく、植物にも「いのち」があると考えます。また、そうした「いのち」だけでなく、食べ物が私たちのもとへ運ばれてくるまでに、多くの人たちの「おかげ」があります。

浄土真宗本願寺派では皆で食卓を囲む時、手を合わせて次のような言葉を唱和します。

【食前のことば】

多くのいのちと、みなさまのおかげにより、
このごちそうをめぐまれました。
深くご恩を喜び、ありがたくいただきます。

【食後のことば】

尊いおめぐみをおいしくいただき、
ますます御恩報謝につとめます。
おかげで、ごちそうさまでした。

浄土真宗本願寺派の宗門校であり、親鸞聖人のみ教えを建学の精神とする京都女子大学から誕生した本書を手に取ってくださった皆さまには、他の「いのち」に感謝し、食前・食後に手を合わせる美しい習慣をもっていただくことを願っています。

本願寺出版社

目次

第8章 伝統食・おもてなし もっと知ろう つながろう

「食と健康」きほんのき

＜本書の使い方＞

◎この本で使用している計量スプーン、カップは、
小さじ1＝5ml、大さじ1＝15ml、カップ1＝200mlです（1ml＝1cc）。

◎材料は、料理によって1～6人分で示し、常備菜やご飯ものなど、必ずしも人数分を限定できない料理は作りやすい個数や分量で表示しています。

◎この本で表記しているエネルギー・栄養価・食塩量は基本的に1人分で示していますが、料理によっては作りやすい分量で表記しています。

◎材料中の食塩の分量については、料理の味つけに使用する食塩量のみを表記しています。
下ごしらえの段階で塩ゆでや塩もみなどに使用する塩の分量は、表記していません（塩ゆでの塩分は、1～1.5％が目安です）。

◎だしに指定がない場合は、昆布だし、カツオだし、煮干だし、混合だし、いずれか好みのだしを使います（だしについてはP.120～121参照）。

◎この本で表記している「適量」は必ず使う材料ですが分量は好みで、「適宜」は好みで使っても使わなくてもよい材料のことです。

◎グリルまたはオーブントースターの焼き時間は、あくまで目安です。
機種によって異なりますので、様子を見ながら調節してください。

◎電子レンジは600W設定の場合の調理時間ですが、あくまで目安です。
機種によって異なりますので、様子を見ながら調節してください。

各料理についている下記7つのアイコンは、各章の効果が高い場合に付けています。

美肌 ：めざせ美肌
血液サラサラ ：やっぱり血液サラサラ
骨美人 ：しっかり骨美人
免疫力アップ ：ぜったい免疫力アップ
快腸 ：すっきり快腸
カロリーダウン ：かんたんカロリーダウン
貧血予防 ：ばっちり貧血予防

第1章

めざせ美肌

肌が美しいと実際の年齢より
若々しく清潔な印象を与えます。
化粧品やエステに頼るより、
体の中から健康的に輝きましょう。

美肌作りに欠かせないコラーゲンやビタミン類

美肌をめざすには、洗顔や化粧品によるスキンケアも大切ですが、
体の内側からのケアも重要です。
ストレスが続く夜型の生活、ファストフードや偏った食事になりがちな
現代女性の美肌づくりの基本は、なんといっても規則正しい生活です。

1 規則正しく三食を摂り、肌の健康に効果的な栄養成分を積極的に摂る

2 新陳代謝を活発にさせる適度な運動の習慣化

3 疲労回復をはかる十分な睡眠をとる

こうしたことを意識しながら
毎日を過ごすようにしましょう。

肌の悩み、原因と対策は？

◎シワ

シワは紫外線や肌の乾燥も原因となりますが、加齢による皮膚の老化が最も大きな原因です。皮膚の真皮層にあるコラーゲンの減少や質の変化から、肌の弾力性が失われシワが作られます。シワをできにくくするには、コラーゲンやコエンザイムQ10を含む食品を摂ることが必要です。

◎シミ、ソバカス

紫外線や皮膚の老化によるメラニン色素の沈着で起こります。メラニン色素を還元するビタミンCを摂ることで、予防・改善ができます。また、ビタミンAも皮膚や粘膜の働きを正常に保ち、不足すると肌荒れ、口内炎、湿疹、ニキビ、吹出物、皮膚炎を起こすことから「美容ビタミン」と呼ばれます。

ビタミンEも抗酸化作用が強く、老化を予防することから「若返りビタミン」としておなじみ。肌の老化を起こす過酸化脂質産生の抑制、メラニン色素の排出、新陳代謝の促進作用を持ち、肌のシワ、シミ、たるみを予防します。

またエラグ酸は、メラニン色素を作る酵素の過剰な働きを抑制する効果があります。

◎肌の黒ずみ

脂っこい食事や脂肪・糖分の多い菓子類の過食による皮脂の過分泌が原因のひとつ。肌の再生や代謝を促すビタミンB_2、B_6と、肌のハリやツヤを与えるコラーゲンの合成を促進するビタミンCを豊富に含む食品を積極的に摂りましょう。また、ストレスがあると、自律神経が正常に働かず毛穴の開閉がうまくできなかったり、ホルモンのアンバランスから皮脂の過剰分泌が起こり、毛穴が詰まることがあります。ストレスに強い体をつくるのもビタミンCが有効です。

◎ニキビ、吹出物

体内に毒素が溜まった便秘状態などが原因。整腸作用のある食物繊維や腸内の善玉菌を増やす乳酸菌（ヨーグルトや発酵食品）やオリゴ糖（果物、きのこ）をしっかり摂り、腸を健康に保ちましょう。腸を整えると新陳代謝が高まり、皮膚の老化防止につながります。

美肌に効くビタミン、コラーゲン、コエンザイムQ10、エラグ酸を含む食品は、22ページに掲載しています。

和製バーニャカウダ

ソースに豆腐を使って、たっぷりの野菜をおいしく

イタリアの冬の料理で、「バーニャ（熱い）カウダ（ソース）」という意味。アンチョビ、にんにく、オリーブオイルを混ぜたソースを温め、野菜をつけて食べます。豆腐と塩辛を使って和製にアレンジ。

Point

美肌　快腸　免疫力アップ　カロリーダウン

ソースを中央に、野菜を並べました。
加茂なす、壬生菜、さつま芋、パプリカ、プチトマト、チコリ、ししとう…。
生で食べられない野菜は食べやすい大きさに切り
電子レンジやトースターで加熱しておきます。

●ソースの材料
（作りやすい分量）
木綿豆腐…1/2丁
塩辛（イカなど）…30ｇ
しょうが（みじん切り）…10ｇ前後

●作り方
①ミキサーに豆腐と塩辛を入れてペースト状にする。
②鍋に①としょうがを加えて温める（塩辛のアルコール臭を飛ばすように混ぜながら温めるとよい）。
③②を器に入れ、野菜類を彩りよく盛り付ける。
（ソース分：エネルギー184㎉　たんぱく質18.0ｇ　食塩2.0ｇ）

はと麦と骨付き鶏の美肌スープ

コラーゲンたっぷりの骨付き鶏と肌のキメを整えるはと麦で

美肌　快腸　免疫力アップ

Point

はと麦は新陳代謝を促し、老廃物を排泄。
内面から肌のキメを整える
漢方効果が期待できます。

●材料（4人分）
鶏もも肉（骨付き）…小4本
はと麦…1/2カップ
むき栗…12粒
白ねぎ（小口切り）…1本
塩…小さじ1強
こしょう…適量
○A
　にんにく…3かけ
　しょうが…20g
　　（皮つき厚め薄切り）
　白ねぎの葉…1本分
　乾燥なつめ…12個

●作り方
①はと麦は洗って1カップの水に30分以上浸けておく。
②深鍋に水と1.5ℓとAを入れて沸騰するまで火にかける。
　鶏もも肉を入れて中火にし、アクを丁寧にすくい取りながら15～20分煮る。
③②に栗と①を水ごと加えて弱火で20～30分炊く。
④ねぎの葉を取り出し、塩、こしょうで味をととのえる。
※鶏肉を入れてから火加減は強くしすぎない。
（1人分：エネルギー419㎉　たんぱく質26.4g　食塩1.7g）

鶏手羽先 本格水炊き

だしに鶏のうま味と コラーゲンがたっぷり

美肌　快腸
免疫力アップ　カロリーダウン

●材料（4人分）
鶏もも肉…1枚
白菜…1/4
白ねぎ…2本
しいたけ…4枚
えのき…1/2袋
豆腐…1/2丁
ポン酢…適量

○だし
　手羽先…8本
　だし昆布…5g
　酒…200㎖
　天然塩…1つまみ
　水…1.5ℓ

○鶏つくね
　鶏ひき肉…200g
　卵（黄身）…1個
　しょうが（絞り汁）…小さじ2
　にんじん…20g
　しょうゆ…小さじ1
　酒…小さじ1
　かたくり粉…小さじ1

●作り方
①鶏もも肉は、早く火が通るようにそぎ切りに。ほかの野菜や豆腐は食べやすい大きさに切る。
②霜降り（※）した手羽先とだしの材料を土鍋に入れ、火にかける。煮立ったらアクを取り、手羽先が少し湯の中で踊る程度の火加減で30分以上煮込み、昆布を取り出し、だしを作る。
　※霜降り…熱湯で表面の色が変わる程度に湯通しすること。余分なアク、脂、臭みが取れる。
③鶏つくねのにんじんはみじん切り。ほかの材料を混ぜ合わせ、粘りが出るまでよくこね、丸めたつくねを鍋に落とす。
④②に野菜や肉を入れ、火が通ったところで、ポン酢に大根おろし、ねぎ、七味唐辛子、ゆずこしょうなど好みの薬味を添える。鶏もも肉は煮過ぎないように。
　食べ終わった後は、天然塩のみで味付けした雑炊がおすすめ。
（1人分：エネルギー431㎉　たんぱく質31.1ｇ　食塩0.7ｇ）

唐辛子のカプサイシン
は新陳代謝を促進して血
行を良くし、美肌に効果！
また、皮脂の分泌が促
進され、肌表面からの水
分蒸発を防いでうるおい
を保ちます。

鶏のトマトソース中華風　酸《サン》辣《ラー》湯《タン》

一汁一菜でもごちそう！
栄養バランスのとれた献立です

美肌　免疫力アップ　カロリーダウン

鶏のトマトソース中華風

●材料（4人分）
鶏むね肉
（またはもも肉）…1枚
玉ねぎ（1㎝幅スライス）…1個
ズッキーニ（半月切り）…1本
小麦粉…適量
サラダ油…大さじ1

○トマトソース
トマト水煮（角切り）…1缶
にんにく・しょうが（みじん切り）…各小さじ1
砂糖…大さじ1／塩・こしょう…各少々
酒…大さじ1／鶏がらスープ…100㎖
ケチャップ…大さじ2（好みで）
ごま油…少々

●作り方
①鶏肉は皮目にフォークで穴をあけ、肉の表面の繊維に垂直に切り込みを入れる。下味（分量外）としてにんにくとしょうが各1片をおろしたもの、酒大さじ1、しょうゆ小さじ1に1時間以上漬け込み、水気を取り、軽く小麦粉をふる。
②フライパンにサラダ油をしき、みじん切りのにんにくとしょうがを炒め、香りがでたら①の皮目を下にして、フタをして焼く。
③油をふき取り、トマトソースの材料を加えて中火で煮込む。鶏肉に火が通れば取り出し、玉ねぎ、ズッキーニを入れて煮込む。鶏肉を食べやすい大きさに切って盛り付ける。
（1人分：エネルギー225㎉　たんぱく質10.9ｇ　食塩0.8ｇ）

酸辣湯

美肌　カロリーダウン

●材料（4人分）
白菜…120g
たけのこ…50g
まいたけ…1/3パック
木綿豆腐…40g
春雨…8g
ごま油…小さじ2

○スープ
水…550㎖
鶏がらスープの素…大さじ1
塩…小さじ1/4
水溶きかたくり粉
かたくり粉…大さじ1
水…大さじ2
ラー油、酢…適宜

●作り方
①白菜は軸と葉を分け、野菜類はすべてせん切りにする。
②豆腐は湯通しして細切り。春雨は湯で戻してざく切りにする。
③鍋にゴマ油をしき、①を炒め、しんなりしたら水と鶏がらスープの素を入れる。②を加えて煮込む。
④塩で味をととのえ、水溶きかたくり粉でとろみを付ける。ラー油、酢は好みで食べる時に注ぐ。
（1人分：エネルギー51㎉　たんぱく質1.8ｇ　食塩1.0ｇ）

手羽先の照り焼き

電子レンジで簡単調理、手早くジューシーにでき上がります

美肌　カロリーダウン

（手羽先1本分：エネルギー120㎉　たんぱく質10.7ｇ　食塩0.9ｇ）

●材料

手羽先…6本
塩・こしょう…適量
○タレ
　はちみつ…大さじ4
　濃口しょうゆ、酢、みそ
　　…各大さじ2
　酒…大さじ3
　おろししょうが…小さじ2
　おろしにんにく…小さじ1
○添え野菜
　ブロッコリー…60ｇ
　ミニトマト…6個

●作り方

①骨にそって手羽裏に切り込みを入れ、塩、こしょうをすり込む。

②タレの材料を耐熱皿に入れ肉によく絡める。平らに並べてラップをして電子レンジで４分加熱する。

③レンジから取り出し、あらためてタレを肉に絡め、ラップなしで10分加熱。さらに裏返して２分加熱。器に盛りタレをかける。

※旬の野菜を付け合わせに。ブロッコリーは小房に分けてゆで、ミニトマトと一緒に添える。

夏野菜は美肌ビタミンの宝庫

色の濃い夏野菜（ピーマン、パプリカ、トマトなど）や野生種の黒米、赤米、紫コーン、ブルーベリーなどには抗酸化作用のある成分が多く含まれています。高温や強い紫外線から植物自身を守るために、抗酸化作用を持つ成分を産生しているからだといわれます。

とくにトマトの色素はカロテノイドの一種のリコペンで強力な抗酸化作用をもち、メラニン色素の生成を抑制する効果が期待できます。ゴーヤのビタミンCも熱に強く、アミノ酸の一種のシトルリンが豊富で、肌の保湿効果や抗酸化作用があります。

野菜のタルト 美肌

**見た目も楽しいタルト&スープ
野菜をたっぷりいただけます**

●野菜のタルト材料（8個分）
タルトカップ（小）…8個
残り野菜（赤パプリカ、かぼちゃ、なすなど）
…約120g
卵…2個
豆乳…50mℓ
オリーブ油、塩、こしょう…各少々

●作り方

①野菜類はいちょう切り、1cm角切りなどに切る。
②オリーブ油で①を炒め、塩、こしょうしてしんなりするまでさらに炒める。
③タルトカップに②を均等に分け入れる。
④卵を溶きほぐし、豆乳を加え、軽く塩、こしょうし、ザルでこす。タルトの表面ぎりぎりまで流し入れる。
⑤180℃に予熱したオーブンで12～15分焼く。

（1個分：エネルギー185㎉　たんぱく質8.7g
食塩0.5g）

赤色スープ

美肌 カロリーダウン

●赤色スープ材料（5人分）
にんじん…200g
完熟トマト…1/2個
水…2カップ
コンソメ…1個
オリーブ油、黒こしょう（粗びき）、
黒酢（またはバルサミコ酢）…各少々
ローズマリー…適宜

●作り方

①にんじんはスライスして水とコンソメで柔らかく煮る。
②皮ごとすりおろしたトマトを①に加え、ミキサーにかける。
③器に入れ、スプーンでオリーブ油や黒酢をたらし、黒こしょうをふる。好みでローズマリーなどを飾る。

（1人分：エネルギー35㎉　たんぱく質0.5g
食塩0.4g）

海の幸のサラダとドレッシング・アレンジ５種

さっとゆでた海の幸をお好みのドレッシングで味わってください

美肌　カロリーダウン

●海の幸サラダ（２人分）
イカ…60g
殻付きアサリ…100g
エビ…50g　トマト…100g
セロリ…30g
ベビーリーフ…10g
レタス…40g　きゅうり…60g

（サラダ１人分：エネルギー81㎉　たんぱく質13ｇ　食塩0.7ｇ）

Point

材料を乳化するまでしっかりと混ぜることが、ドレッシングをおいしく作るコツ

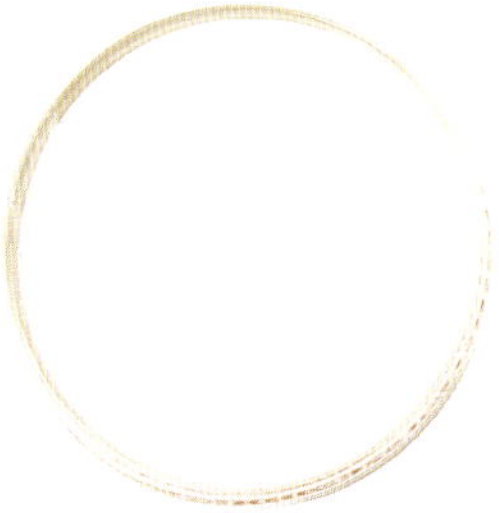

チーズ味

ブロッコリー、アボカド、温野菜、じゃが芋やパンに

ヨーグルト…大さじ２
マヨネーズ…大さじ２
粉チーズ…大さじ２
クリームチーズ…40ｇ
はちみつ…小さじ１

ポイント：クリームチーズは電子レンジで15秒加熱しクリーム状に混ぜ、順次材料を混ぜ入れ、最後に塩、こしょうで味をととのえる。
（大さじ1：53㎉）

和風

ポン酢をベースにし、おろし野菜を加えると変化が。温野菜などに

ポン酢…大さじ３
サラダ油…大さじ２
砂糖…小さじ１
おろし大根…大さじ２
（※玉ねぎ、にんじん、きゅうりやりんごでもよい）
刻み大葉…３枚
（大さじ1：43㎉）

イタリアン

香りの高いエクストラバージンオリーブオイルと、マイルドなバルサミコ酢を使用。焼ききのこ、野菜マリネに。にんにくやバジルを加えてパスタや白身魚のソースにも

バルサミコ酢…大さじ３
オリーブ油…大さじ３
しょうゆ…大さじ３
はちみつ…小さじ１
こしょう…少々
（大さじ1：45㎉）

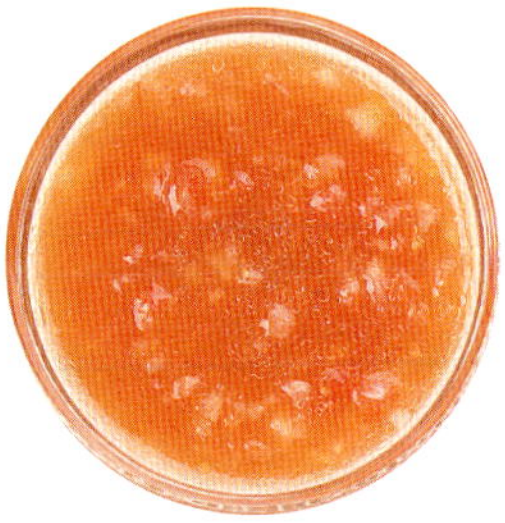

ガスパチョ風

ホタテ、イカ、タコなどにたっぷりかけて

みじん切りトマト・玉ねぎ…各30ｇ
トマトジュース…30mℓ
レモン汁…大さじ1/2
オリーブ油…10mℓ

ポイント：最後にオリーブ油を乳化するまで混ぜ、塩、こしょうで味をととのえる、冷蔵庫で１日おき、味がなじんでから使う。
（大さじ1：17㎉）

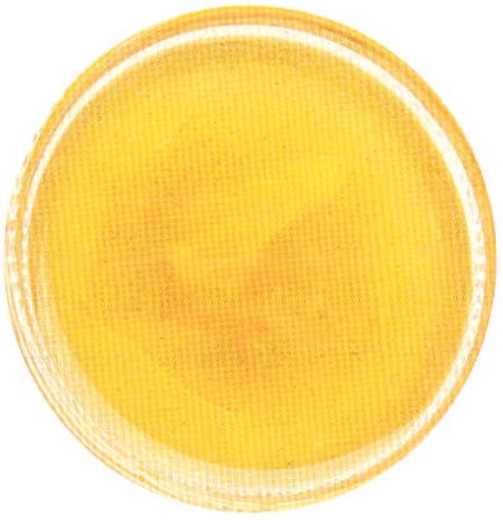

グレープフルーツ

爽やかで、まろやかなドレッシング。どんな野菜にも合う

果汁60mℓ＋果肉適宜
（グレープフルーツジュース100％をベースにしてもよい）
オリーブ油…60mℓ
だししょうゆ…小さじ２

ポイント：よく混ぜ、塩、こしょうで味をととのえる。
（大さじ1：60㎉）

かぼちゃのクリームパスタ

ミニかぼちゃを器代わりにして、見た目も楽しく！

●材料（２個分）

ミニかぼちゃ…2個
パスタ…40g
オリーブ油…大さじ1
にんにく（みじん切り）…1/2片
アサリ缶…1/3缶
白ワイン…大さじ1
牛乳…60㎖
スライスチーズ…２枚
パセリ（みじん切り）…適量

●作り方

①かぼちゃはラップに包み、5分ほど電子レンジにかける。全体がやわらかくなったら、上部1/4を切り取り中身をくりぬく。

②フライパンでオリーブ油、にんにくを焦がさないよう炒め、香りが出たらアサリと白ワインを加えてアルコールを飛ばす。

③弱火にして牛乳を加え、温まったらチーズを加えて溶かし、とろみを付ける。ゆでたパスタを絡める（パスタのゆで汁でソース濃度を調整してもよい）。

④器に①を盛り付け、③を入れてパセリを散らす。

（1個分：エネルギー354㎉
たんぱく質15.0g　塩分0.5g）

美肌　快腸　免疫力アップ

秋のきのこ三《ざん》昧《まい》

食感の違う３種のきのこをヨーグルト＆粉チーズの風味で

●材料（２人分）

まいたけ…１パック
エリンギ…大１本
マッシュルーム…4個
無頭エビ…6尾
にんにく…1/3片
かぼちゃ…80g
ヨーグルト…40㎖
パルメザンチーズ…大さじ２
パセリ…1/2房
オリーブ油…大さじ1
塩、黒こしょう（粗びき）…適量

美肌　骨美人　快腸　免疫力アップ　カロリーダウン

●作り方

①皮付かぼちゃを３㎜厚で２枚切り、耐熱皿に並べて少量の水を打ちラップをし、電子レンジで柔らかくなるまで約３分加熱。盛り付け皿に並べ、軽く水切りしたヨーグルトと黒こしょうをかける。

②エビの背ワタと殻を取り、酒をふりかけ10分置く。水気を取り、塩・こしょうしておく。

③まいたけ、エリンギは一口大にさばき、マッシュルームは５㎜にスライス。フライパンにオリーブ油とつぶしたにんにくを入れ、弱火で油に香りを付け、にんにくを取り出す。きのこを入れ、塩、こしょう。②を加え、ほぼ火が通ったら刻みパセリを加え、香りを出す。

④①の皿に盛り付け、チーズをふりかける。
かぼちゃをフォークでつぶし、ヨーグルトと混ぜてソースを作り、きのこに絡めて食べる。

（1人分：エネルギー215㎉　たんぱく質18.9g　食塩0.7g）

煮豚と煮卵

豚バラ肉を使った甘辛味のガッツリ系一品、作り置きにも便利

美肌

Point

肉と煮汁はラーメン、チャーハン、丼などに。
残った煮汁で大根を煮るなど
応用範囲の広い料理です。

●材料（6人分）
豚バラ肉（ブロック）
…800g
酒…1/2カップ
しょうが（薄切り）
…少々
卵…6個
青菜…2株
米のとぎ汁…適量

○調味料
酒…1/2カップ
みりん…1/2カップ
しょうゆ…1/4カップ
砂糖…大さじ2

しょうゆ（追加分）
…1/4カップ

●作り方

①豚肉は4切れに切り、強火で周囲を焼く。
②鍋に米のとぎ汁（肉が浸かる程度）、酒、しょうが2、3枚と①を入れ、1時間半から2時間、アクと脂をていねいに取りながらゆでる（低温で一晩おくと脂が白く固まり、容易に取り除くことができる）。豚肉を取り出し水洗いし、5～6㎝角に切る。ゆで汁はこしておく。
③ゆで卵を作り、殻にひびを入れる（しょうゆで煮ると大理石のような模様がつく）。
④鍋に豚肉、卵、②のゆで汁（3カップ）、調味料を入れ30分煮る。追加分のしょうゆを加え、弱火でさらに30分煮る。煮汁に浸けたまま1～2時間おく。
⑤豚肉、卵を取り出し、卵は殻をむく。
⑥青菜は塩を加えた熱湯で軽くゆでて、水気をきり5～6㎝長に切る。豚肉、卵に添えて盛り付ける。

※圧力なべで豚肉をゆでる場合は10分加熱後、自然冷却。
※煮汁にねぎ、しょうが、八角（中華の香辛料）を加えると中華風に。
※煮汁にたまりしょうゆ大さじ1～2を加えると色が濃く仕上ります。
※青菜は小松菜、チンゲン菜、ほうれん草など。

（1人分：エネルギー512㎉　たんぱく質21.7g　食塩1.6g）

豚肉で美肌に

健康で美しく歳を重ねることができれば最高ですね。老化のスピードを緩やかにさせるためのさまざまな研究がおこなわれていますが、なかでも「食」は大きな役割をもっています。体に欠かせないエネルギー・たんぱく質・ビタミン・ミネラルをまんべんなく摂るためには、バランスのとれた食生活をおくることが一番です。

ビタミンB_1はご飯が主食の日本人には欠かせない栄養素で、主食のでんぷんをエネルギーに変える重要な働きがあり、神経や脳の構成を正常に保つ働きがあります。

特に美肌の大敵であるストレス対策には、ビタミンB_1をしっかり摂ること！

豚肉には、牛肉の10倍ものビタミンB_1が含まれています。不規則な生活やストレスが原因でおこる肌荒れ改善に、豚肉を使った料理を作ってみませんか。

豆乳入り豚汁

たっぷりの根菜と
みそと豆乳で仕上げたやさしい味

美肌　快腸　免疫力アップ

●材料（２人分）
じゃが芋…中1個
にんじん…1/5本
ごぼう（細）…1/2本
かぶ…小1/2個
ねぎ…1/3本
水菜…適量
豚バラ肉（薄切り）…80ｇ
水…1カップ
豆乳…1カップ
みそ…大さじ1

●作り方
①じゃが芋、にんじんは5㎜厚のいちょう切り、ごぼうは斜め薄切り、かぶは皮をむき食べやすい大きさに切る。
②ねぎは1㎝長、水菜、豚肉は3㎝長に切る。
③鍋に水と①の野菜を入れて中火にかける。沸騰したら豚肉を入れアクを取り、フタをして弱火で10分煮る。
④豆乳とねぎを入れ、みそを溶き入れる。
⑤器に盛って、水菜をのせる。
（1人分：エネルギー323㎉　たんぱく質11.4g　塩分1.4g）

Point

女性ホルモンに似た働きをもつ大豆イソフラボン。
女性ホルモンが増えると
コラーゲン量が増えるとの研究報告あり。
また大豆の油に含まれるリノール酸は
肌の保湿、抗炎症、老化防止などの働きをもち
皮膚のバリア機能をアップさせます。

美肌効果のある栄養素と食品

ミニ講座

コラーゲン（皮膚真皮層の基本骨格を作っているたんぱく質。肌にハリやツヤを与える）

鶏の軟骨・皮、手羽先、魚の皮、牛筋、豚足、フカヒレ、スッポン、アンコウ、ゼラチンなど

ビタミンA（皮膚、粘膜の健康維持、抗酸化作用により、肌荒れや炎症を予防する）

トマト、かぼちゃ、にんじん、ピーマン、にら、ブロッコリーなどの緑黄色野菜。マンゴー、柿、レバー、ウナギなど（特に、トマトの色素・リコペンは強力な抗酸化作用をもつ）

ビタミンB_2（皮脂分泌量の調整、細胞の再生や代謝を促す）

豚肉・牛肉・鶏レバー、ウナギ、牛乳、チーズ、ヨーグルト、納豆など

ビタミンB_6（たんぱく質、脂質の分解と代謝促進）

カツオ、マグロ、サケ、サンマ、レバー、バナナ、さつま芋など

ビタミンC（コラーゲンの合成、メラニン色素を還元し、シミを予防する）

パセリ、ブロッコリー、ゴーヤ、赤ピーマンなどの野菜やレモン、アセロラ、ゆず、いちご、キウイフルーツ、柿、オレンジなどの果物

ビタミンE（抗酸化作用による皮膚の老化予防）

アボカド、大豆、ごま、ウナギ、かぼちゃ、アーモンド、ほうれん草、タラコ、ごま油など

食物繊維（整腸作用、体内の毒素を排泄）

ごぼう、モロヘイヤ、きのこ、きな粉、ごま、海藻、果物など

イソフラボン（女性ホルモンに似た作用、コラーゲンの生成、抗炎症作用）

大豆および大豆製品

エラグ酸（ポリフェノールの一種、メラニンの生成抑制）

ラズベリー、ザクロ、いちご、ぶどうなど

アスタキサンチン（カロテノイドの一種。強い抗酸化によるシミ抑制、メラニンの生成抑制）

サケ、オキアミ、イクラ、キンメダイなど

コエンザイムQ10（抗酸化作用、新陳代謝の促進による皮膚の老化予防）

イワシ、サバなどの青魚、豚肉、牛肉、大豆、落花生など

ω-3脂肪酸（コラーゲン、エラスチンを生成しハリのある皮膚を作る。炎症を抑制）

調理油のしそ油（えごま油）、亜麻仁油、サケ、マグロ、イワシ、ほうれん草、大豆など

第2章

しっかり骨美人

体の土台といえば、そう、「骨」。

骨粗しょう症にならないためには、

若い頃からの

栄養と運動の積み重ねが大切です。

若い頃から骨を強くする生活習慣を

骨は生きていて活発な代謝を営んでいます。強い骨は古くなった骨を壊すこと（骨吸収）と、新しい骨を作ること（骨形成）がバランスよく繰り返されています。

しかし、栄養や運動の不足、加齢等によりこのバランスが崩れ、骨形成より骨吸収の方が優位になると骨の組織がスカスカになり、骨に軽い力が加わるだけで骨折しやすくなります。これを「骨粗しょう症」といいます。特に高齢者の骨折は、日常生活に制限がかかり寝たきりになることもあります。

骨折を予防し、いつまでも自立した活動的な生活を送るためには、若い頃からの骨を強くする生活習慣がとても大切です。

骨美人になるには食事・運動・日光浴

◎食事

骨を強くするためにはカルシウム、ビタミンD、ビタミンKをしっかり摂ることが大切ですが、摂った栄養素が体の中で円滑に代謝されるように、これら以外の栄養素もバランスよく摂りましょう。体重が軽い人は骨に負荷がかからず、骨量が少ない傾向があるので、適正体重の維持に努めましょう。

◎運動

運動により骨に負荷がかかり、骨形成を促します。適度な運動を取り入れましょう。1日30～40分位の散歩でも、運動習慣のない人に比べて骨が強いことが報告されています。

◎日光浴

カルシウムの吸収を促進する活性型のビタミンDは日光に当たることにより、皮膚で作られます。日陰で30分くらいで十分です。室内に閉じこもりがちな人は、日光浴を心がけましょう。

骨粗しょう症を予防する

①カルシウムを多く含む食品を摂りましょう

カルシウムは骨の主成分なので、骨粗しょう症予防のためには最も重要な栄養素です。しかし、日本人の食生活において不足しがちな栄養素でもあります。カルシウムは牛乳、乳製品の他にも大豆製品、緑黄色野菜、小魚、ごま、海藻類にも含まれます。日々の食事に上手に取り入れましょう。

②カルシウムと一緒にビタミンDとビタミンKを摂る

腸管でカルシウムが吸収される割合は乳製品が約40%、小魚類は約30%、野菜・海藻類は約20%に過ぎません。さらに加齢により吸収率は下がります。カルシウムの腸管からの吸収を助けるビタミンDを摂りましょう。ビタミンKは、摂ったカルシウムが骨に定着するのを助けます。ビタミンKの中でも、特に体内での効能が高いビタミンK_2は納豆に含まれます。ただし血栓を予防する薬ワーファリンを服用している人は、ビタミンKの過剰摂取は薬の効き目を阻害するので、主治医に相談してください。

③リンの摂りすぎに注意する

リンは加工食品や清涼飲料水に多く含まれ、外食や加工食品に頼る食生活では摂り過ぎになり、カルシウムの吸収を阻害して骨密度が減少する可能性があります。

食塩、食物繊維の過剰な摂取や、過度な飲酒、喫煙は摂取したカルシウムを排泄するので気をつけましょう。

骨を作る食品
(カルシウム)

牛乳、乳製品、豆腐、大豆加工品、小魚、
桜エビ、ごま、小松菜、水菜、
ひじき、昆布、わかめなど

骨の形成を助ける食品
(ビタミンD、ビタミンK)

ビタミンD：紅サケ、カツオ、イワシ、
きくらげ、干ししいたけ、しめじなど
ビタミンK：納豆、油揚げ、昆布、海苔、
小松菜、モロヘイヤ、大根葉、
ブロッコリーなど

じゃが芋ニョッキ

楽しい形のパスタの一種、みんなで作ると盛り上がります

美肌　骨美人

Point

ほうれん草、にんじん、リコッタチーズなどを生地に混ぜ込んだり、トマトソースなどソースに変化をつけるとニョッキのバリエーションが広がります。

●材料（3人分）

○ニョッキ
- じゃが芋…300g
- 小麦粉…120g
- ブロッコリー…120g
- 卵（L）…1個
- 塩…小さじ1/2
- ナツメグ…適宜

○ソース
- 玉ねぎ（大）…1/2個
- 低脂肪乳…400㎖
- にんにく…1片
- バター…大さじ1.5
- 小麦粉…大さじ2
- チキンコンソメ…1個
- 塩・白こしょう…適量
- パルメザンチーズ…60g

●作り方

①ブロッコリーを小房に分け、電子レンジで2〜3分加熱して、細かく刻む。

②じゃが芋をラップで包み電子レンジで約6分加熱して、竹串が通る固さになったら皮をむき、熱いうちに裏ごしする。①と塩を加えてこね、小麦　粉、ナツメグ、卵を加えてこねる。

③まな板に打ち粉（分量外）を敷き、②を手の平で転がしながら直径2㎝ほどの棒状に伸ばし、1〜2㎝長に切る。一切れごとにフォークの背を押しつけながらのばす。

④3ℓくらいの湯で、ニョッキが浮き上がるまでゆでる。

⑤ソース作り。フライパンにバターを敷き、みじん切りにんにくと薄切り玉ねぎをしんなりするまで炒める。小麦粉を加えて軽く炒めて、牛乳を少しずつ加え、チキンコンソメを入れてのばす。熱いうちにチーズを加え、塩、こしょうで味をととのえる。

⑥ゆでたてのニョッキとソースを絡め、器に盛り付ける。

（1人分：エネルギー475㎉　たんぱく質23.3g　カルシウム489㎎　ビタミンK81μg　食塩1.0g）

ホワイトチーズパスタ

美肌　骨美人

とろ～りチーズのソースもフライパン一つで簡単

●材料（3人分）
スパゲティ…240g
低脂肪乳…2カップ
パルメザンチーズ…75g
玉ねぎ…大1/2個
マッシュルーム…6個
にんにく…2片
小麦粉…大さじ1
オリーブ油…大さじ1
チキンコンソメ…1個
塩、こしょう…適量
ブロッコリー…120g

●作り方
①鍋にスパゲティの10倍（2.4ℓ）の水に塩大さじ1（分量外）を加えて火にかけ、沸騰後にスパゲティを投入し袋の表示時間ゆでる。ざるで湯をきる。
②玉ねぎ、マッシュルーム、にんにくはスライスしておく。
③フライパンにオリーブ油を引き、にんにく、玉ねぎ、マッシュルームを約3分炒め、小麦粉を加えて弱火で炒め牛乳と熱湯50mℓ（分量外）に溶かしたコンソメを加え、中火で少しとろみが出るまで約5分加熱する。
④チーズを加えたら火を消し、溶けるまで混ぜ、塩、こしょうで味をととのえ、①と合わせ器に盛り付ける。
⑤ブロッコリーを小房に切り分け、電子レンジで3～4分加熱し、添える。
（1人分：エネルギー419㎉　たんぱく質26.4g　カルシウム466㎎　ビタミンK78μg　食塩1.7g）

牛乳の苦手な人は

牛乳はカルシウムの吸収力が高いですが、日本人の3割近くは牛乳を飲むとお腹がゆるくなる乳糖不耐症（乳糖の分解酵素が少ない人）といわれています。

そういう人は、温めた牛乳を少しずつ、噛むようにして飲むといいでしょう。牛乳の代わりに、乳糖が一部分解されているチーズやヨーグルトなら、お腹がゆるくなりにくいです（無乳糖ミルクも販売されています）。

カルシウムを摂るには、低脂肪のスキムミルクもおすすめ。台所に常置し、いろいろな料理に使うと必要量のカルシウムが摂りやすくなります。

サケと小松菜の和風グラタン

木綿豆腐を使ってあっさり味に

Point

カルシウムの吸収を助けるビタミンDは
サケや青魚に多く含まれます。
調理法を工夫してたくさん食べましょう。 美肌 骨美人

●材料（2人分）
木綿豆腐…100g
小松菜…1/3束
生サケ…2切
しめじ…40g
薄力粉…大さじ1・1/2
サラダ油…大さじ1/2
牛乳…150㎖
顆粒だし…小さじ1
スキムミルク…大さじ1
ピザ用チーズ…30g
塩・こしょう…適量

●作り方
①豆腐をキッチンタオルに包んで耐熱皿にのせ、電子レンジで1分加熱。重しをしてキッチンタオルを取り替えながら20分以上おき、水気をしっかり取ってから、手で細かくつぶす。
②小松菜は洗い、茎と葉の部分に分け、別々にラップに包み、レンジで加熱（葉30秒、茎1分）。水に放ち、水気をよく絞り2㎝長に切る。
③サケは骨、皮を除き一口大のそぎ切りにし、塩・こしょうをふり、グリルで焼く。
④しめじは石づきを取り1㎝長に切る。
⑤ボウルに②と④を入れ薄力粉を加えよく混ぜ、フライパンにサラダ油を入れ中火で炒める。全体に粉っぽさがなくなったら①と牛乳、顆粒だし、スキムミルクを加え、とろみがつくまで3～5分煮つめる。
⑥2つのグラタン皿に分けて入れ、サケとピザ用チーズを上にのせ、オーブン230℃で約13～15分焼き色が付くまで焼く（オーブントースターでも可）。

（1人分：エネルギー405㎉　たんぱく質26.3g　カルシウム350㎎　ビタミンD11.2μg　食塩1.9g）

イワシのトマトソースグラタン

魚の苦手な人もチーズ＆トマトソースなら大丈夫

美肌　骨美人　快腸　血液サラサラ　免疫力アップ

●材料（２人分）

イワシ…４尾
牛乳…大さじ1
みそ…小さじ1
バター…少々
ピザ用チーズ…70g
ブロッコリー…1/2個

○トマトソース
　トマト缶…1/2缶
　玉ねぎ…1/2個
　にんじん…1/4
　にんにく…1片
　塩麹…大さじ1/2
　コンソメ…1/2個
　こしょう…少々
　サラダ油…大さじ1/2

●作り方

①イワシは頭と内臓を取り、手開きで中骨を取って塩水（分量外：水２カップに塩大さじ1）に15分くらい浸けておく。水気を切り、みそを牛乳で溶いてふりかけて臭みを取る。

②ブロッコリーは電子レンジで２分加熱する。

③トマトソースを作る。玉ねぎ、にんじん、にんにくをみじん切り。フライパンにサラダ油をひき、にんにくを炒めてから玉ねぎとにんじんを入れ、玉ねぎがあめ色になるまで炒める。トマト缶、塩麹、コンソメ、こしょうを加えて煮込む。

④グラタン皿にバターを塗り、③②①を順に並べ、ピザ用チーズをのせ、オーブン200℃で15分焼く。

（１人分：エネルギー366㎉　たんぱく質24.8ｇ　カルシウム351㎎　ビタミンＤ6μg　食塩3.2ｇ）

サンマのピリ辛焼き

ビタミンDの豊富なサンマの食欲増進レシピ

美肌　骨美人　血液サラサラ

●材料（2人分）

サンマ…２尾
もやし…100g
塩…ひとつまみ
水…大さじ2
にら…1/5束
すりごま（白）…大さじ1/2

○タレ
　ねぎ（みじん切り）…適量
　濃口しょうゆ…大さじ1・1/2
　しょうが汁…大さじ1/2
　酒…大さじ1
　ごま油…大さじ1/2
　粉唐辛子…適量

●作り方

①サンマは頭と内臓を除き、洗って水気をふき取り、斜め半分に切る。

②タレの材料を合わせ、①を漬けて20〜30分おく。

③にらは３㎝長に切る。フライパンにもやしと塩と水大さじ2を入れてフタをし、2〜3分後ににらを入れて水気を飛ばし、ごまをかける。

④②をグリルで両面こんがり焼き、③と一緒に盛り付ける。

（１人分：エネルギー338㎉　たんぱく質17.4ｇ
カルシウム87㎎　ビタミンＤ22μg　食塩1.7ｇ）

厚揚げの香菜やっこ３種

お酒の肴にも適したさっぱり味

美肌　骨美人　免疫力アップ

作り方（2人分）

①厚揚げ（30g×6個）を熱湯にかけて油抜きする。

②2個ずつに、下のABCをのせ大葉の上に盛り付ける。Cには小口切りの小ねぎをあしらい、ABには好みでポン酢などをかける。

A　オクラ（2本）をさっとゆでてたたき切りし、水切りしたおろし大根（20g）を、ちりめんじゃこ（小さじ2）、煎りごま（小さじ1）と混ぜる。

B　きゅうり（6g）トマト（16g）を細かく刻み、干あみえび（小さじ2）、納豆昆布（3g）、おろし大根（20g）と混ぜる。

C　鶏ひき肉（20g）と細かく刻んだなす（20g）を少量の油で炒め、おろししょうがとみそ（小さじ2/3）、酒（小さじ2）、砂糖（小さじ1）を加えて加熱する。

（1人分：エネルギー211㎉　たんぱく質15.3ｇ　カルシウム285㎎　食塩0.8g）

大豆の効用

大豆イソフラボンは、大豆の胚芽に多く含まれる成分で、女性ホルモン（エストロゲン）とよく似た作用があり、植物性エストロゲンとも呼ばれています。

エストロゲンは、美容に良いだけでなく、更年期障害の症状改善、骨粗しょう症、動脈硬化、高コレステロール血症の予防、乳がん・前立腺がんの発生抑制などの効果が認められています。

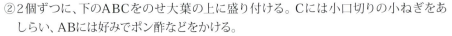

アメリカ国立がん研究所の発表でも、大豆はがん予防に最も効果のある食品の一つと注目されています。

また、大豆には骨形成に必要なカルシウムを多く含みます。特に高齢の女性に多く発症する骨粗しょう症は、閉経

カキと豆腐のチゲスープ

市販のコチュジャン（唐辛子味噌）を使って人気の韓国料理をマスター

骨美人　貧血予防　免疫力アップ　カロリーダウン

●材料（4人分）
カキ…300g
豆腐…300g
大根…200g
しめじ…50g
にら…1/2束
糸唐辛子…適量

○A　鶏がらスープの素…10g
水…700mℓ
おろしにんにく…小さじ2
おろししょうが…小さじ2

○B　酒…大さじ2
しょうゆ…小さじ2
コチュジャン…大さじ1

●作り方
①カキはさっと水で洗う。豆腐は食べやすい大きさに切る。大根は5㎜厚のいちょう切り。しめじは石づきをとってさばいておく。にらは2～3㎝長に切る。
②鍋にAと大根を入れ煮る。大根が柔らかくなったらBと豆腐、カキ、しめじを入れて5分くらい煮込む。最後ににらを加える。
（1人分：エネルギー106㎉　たんぱく質10.6g　カルシウム166㎎　食塩1.9g）

1食の大豆食品	目安量	たんぱく質	食物繊維	カルシウム	イソフラボン
大豆（乾燥）	30g	10.6g	2.1g	72mg	42mg
納豆	40g	6.6g	2.7g	36mg	51mg
絹ごし豆腐	100g	4.9g	0.3g	43mg	51mg
木綿豆腐	100g	6.6g	0.4g	120mg	51mg
油揚げ	30g	5.6g	0.3g	90mg	21mg
生揚げ（厚揚げ）	50g	5.4g	0.4g	120mg	（データなし）
きな粉	10g	3.6g	1.7g	25mg	26mg
豆乳	200g	7.2g	0.5g	30mg	36mg

にともなう女性ホルモンの減少により、破骨細胞の働きが活発になることが大きな原因です。さらに、加齢にともない腸からのカルシウム吸収率は低下します。骨粗しょう症予防のために、カルシウムを多量に含む大豆食品を摂取しましょう。

大豆じゃこご飯

毎日摂りたい大豆をご飯でアレンジ

美肌 骨美人

●材料（４人分）
大豆（水煮）…カップ1/2
米…２合
梅干…1個
ちりめんじゃこ…カップ1/3
青じそ…８枚
薄口しょうゆ…小さじ1
酒…大さじ1
砂糖…小さじ1/2

●作り方
①梅干は種を取って、梅肉をみじん切りにする。
②青じそはせん切りにする。
③洗った米に、梅干の種と酒を入れて炊飯する。
④炊きあがったら、ご飯に大豆（水切りしておく）、ちりめんじゃこ、①、しょうゆ、砂糖を入れて混ぜ合わせ、最後に青じそを加える。

（１人分：エネルギー350㎉　たんぱく質10.3ｇ
カルシウム60㎎　ビタミンＤ4.9μg　食塩1.2ｇ）

Point
炊きあがってから混ぜるので簡単。
不足しがちなカルシウムをご飯に加えて！

小松菜と納豆のみそ和え

和え物もアレンジして、みそで味つけ

美肌 骨美人 快腸
免疫力アップ カロリーダウン

●材料（2人分）
小松菜…1/2束（150ｇ）
ひき割り納豆…50ｇ
刻み海苔…少々
みそ…小さじ2
みりん…小さじ2
酒…小さじ2
しょうゆ…小さじ1/2

●作り方
①小松菜はたっぷりの熱湯に塩小さじ1～2（分量外）入れてゆでる。水にさらした後、よく絞ってから食べやすい長さに切る。
②ひき割り納豆に、みそ、みりん、酒、しょうゆを加えてよく混ぜ、小松菜と和える。
③盛り付けて、刻み海苔を散らす。

（１人分：エネルギー88㎉　たんぱく質6.2ｇ
カルシウム150㎎　ビタミンK371μg　食塩1.2ｇ）

豚肉の野菜巻き ごま衣揚げ

パン粉代わりのごまの香ばしさが食欲をそそります

美肌　骨美人　快腸　免疫力アップ

●材料（3人分）
豚肉（薄切り）…180g（1人3枚）
スライスチーズ…72g（4枚）
ごぼう、三度豆、にんじん…各60g
小麦粉、卵…各大さじ2
ごま…大さじ3
揚げ油…適量
水菜、かぼちゃ…各90g
レモン…1/2個
塩、こしょう…適宜

●作り方
①ごぼう、にんじんは太めのせん切りにし、三度豆とともに約3分ゆでる。
②豚肉3枚（横12㎝×たて18㎝）を敷き、チーズ、①のゆで野菜1人分をのせて巻き、小麦粉と卵を合わせた衣を付け、ごまをまぶし、170℃に熱した揚げ油できつね色になるまで揚げ、一口大に切り、盛り付ける。
③添え野菜として、かぼちゃを5㎜厚に切り（1人2枚）、電子レンジで3分加熱したものと、4㎝長に切った水菜とレモンを添える。好みで塩、こしょうをかける。

（1人分：エネルギー417㎉　たんぱく質25g　カルシウム390㎎　ビタミンK57μg　食塩1.6g）

水菜のサラダ

骨美人　快腸　免疫力アップ　カロリーダウン

こんがりと焼いた油揚げがアクセント
ヘルシーな和風サラダです

●材料（２人分）
水菜…100ｇ（1/2束）
玉ねぎ…40ｇ（1/4個）
海藻サラダ（カットわかめ等）…４ｇ
油揚げ…20ｇ
練り辛子…小さじ1/3
レモン汁…小さじ1
ノンオイルドレッシング…大さじ1～2

●作り方
①水菜は４～５㎝長に切る。玉ねぎは薄く切って水にさらす。
②海藻サラダは水で戻す。
③油揚げはせん切りにし、フライパンに入れ弱火にかけて、じっくりパリッとなるように焼く。
④ドレッシングに練り辛子、レモン汁を加えて混ぜる。
⑤材料を混ぜ合わせ、ドレッシングをかける。

（１人分：エネルギー75㎉
たんぱく質4.4ｇ　カルシウム141㎎
ビタミンK90μg　食塩0.6ｇ）

Point

野菜や海藻は低エネルギーで食物繊維が豊富。
血糖値の上昇を抑えたり、余分な脂肪を排泄してくれます。

桜エビのふりかけ

毎日摂りたいカルシウムを常備菜で

骨美人

●材料（４人分）
素干し桜エビ…40ｇ
花カツオ…10ｇ
すりごま（白）…大さじ３
しょうゆ…大さじ１・1/2
みりん…大さじ２
かぶの葉…200g

●作り方
①桜エビと花カツオは鍋でカラカラになるまで煎り、すりごまを加える。
②かぶの葉はゆでてからみじん切り。水気をよく絞って別の鍋に入れ、カラカラになるまで煎る。①を混ぜてしょうゆ、みりんをからめ、さらにカラカラにしてからバットに広げて冷ます。

（１人分：エネルギー45㎉　たんぱく質5.2ｇ
カルシウム170㎎　ビタミンK86μg　食塩0.8ｇ）

第3章

すっきり 快腸

腸は「第2の脳」と
呼ばれるほど大切な臓器。
毎日、意識して
食物繊維や乳酸菌を摂るように
心がけましょう。

健康のカギを握る腸内の善玉菌

　腸は身体のなかで最も大きな免疫器官です。
小腸では必要な栄養素と水分の吸収をおこない、
大腸で残りの水分を吸収して
老廃物の排泄（排便）をおこなっています。
このふたつの働きがしっかりしていることで
免疫力が保持されます。
免疫細胞の6割は腸内に存在しています。

　また、健康のカギを握っているのは数百種類の腸内細菌です。
善玉菌（乳酸菌、ビフィズス菌など）が
悪玉菌（大腸菌、ブドウ球菌、ウエルシュ菌など）を
抑えることで、腸内環境のバランスを整えています。

　腸年齢を若く健康に保つためには、
ストレスや過労に気をつけるほか、
栄養バランスのとれた食事とともに腸内細菌の善玉菌を増やす
「食物繊維」と「乳酸菌」を摂りましょう。

日本人は食物繊維が不足気味

食物繊維は野菜・果物・海藻・豆類・きのこ類などに多く含まれていますが、日本人の多くの人が不足気味です（二〇一三〈平成二十五〉年の国民栄養調査では食物繊維の日本人の平均摂取量は15g程度。目標摂取量は成人男性で1日20g以上、女性で18g以上です）。

食物繊維には「水溶性食物繊維」と「不溶性食物繊維」があり、「水溶性食物繊維」は腸内の善玉菌を増やしてくれるので整腸作用につながります。また「不溶性食物繊維」は便の固さを調節し、腸を刺激して有害物を排泄しやすくする働きがあります。

乳酸菌はみそ、しょうゆ、納豆などにも

腸内細菌バランスを整えて善玉菌を増やしてくれるのが乳酸菌。ヨーグルト・チーズなどのほか、漬物・キムチ・みそ・しょうゆ・納豆など、植物由来の乳酸菌で発酵させた発酵食品も、腸内環境を整えてくれます。日本は高温多湿の風土気候から食べ物が腐りやすいため、保存のきく発酵食品が作られてきました。乳酸菌には、免疫力を高める働きがあります。

<水溶性食物繊維>

ペクチン	りんご、みかんなど果物、芋類、キャベツや大根など野菜類
ヘミセルロース	昆布やわかめなどの海藻類
ガム質	大豆やカラス麦などの麦、海藻類

<不溶性食物繊維>

セルロース	大豆、ごぼう、小麦ふすま、穀類など
ヘミセルロース	小麦ふすま、大豆、穀類、野菜など
リグニン	小麦ふすま、穀類、完熟野菜など

春キャベツたっぷり白片肉《パイペンロー》

白片肉：中国語で白く煮上げた豚肉のこと

みずみずしい緑色が食欲をそそるメインのごちそうです

美肌　快腸　免疫力アップ

●材料（4人分）
春キャベツ…400g
豚バラ肉（ブロック）…200g

○A
しょうが…1片
ねぎ…10g
食塩水（1%）…200mℓ
酒…大さじ2

○B
しょうゆ…大さじ2
砂糖…大さじ2
おろししょうが…大さじ1

●作り方
①豚肉はタコ糸で形を整え、熱湯にさっとくぐらせておく。
②Aのしょうがは薄切り、ねぎは5㎝長に切り、包丁の背で軽くたたいておく。
③食塩水を加熱し、沸騰後に酒と②を加え、火を弱め穏やかな沸騰持続で、豚肉を25分加熱する（菜箸を刺し、赤いエキスが出る場合はさらに加熱）。火を止め、豚肉を煮汁が40℃くらいになるまで浸けておき、取り出して薄切りにする。
④ゆで汁を沸騰させ、2㎝角に切ったキャベツを入れ、30秒ほど混ぜながら均等に火を通し、ザルに上げる（ゆで汁はスープなどに使えます）。
⑤大皿にキャベツを盛り、豚肉を放射状に置き、Bの調味料に④のゆで汁大さじ2を加えた調味液をかける。

（1人分：エネルギー228㎉　たんぱく質8.8g　食物繊維2.0g　食塩1.3g）

キャベツの栄養

ビタミンの特性を知り、上手に調理しましょう

日光に当たるキャベツの外葉にビタミンCやAが豊富。大きめの外葉1枚で、1日のビタミンCの必要量の約半分が含まれています。また、キャベツには胃腸の粘膜を正常に整えるビタミンUが多く、整腸薬などの成分として使われています。そのほか、カルシウム、ビタミンKも豊富です。

ゆでると一品で100gの野菜を容易に摂取でき、野菜不足が解消できます。ただし、加熱時間に伴いビタミンCが減少するので、柔らかい春キャベツは短時間で、歯ごたえを残す程度の加熱を。キャベツ特有の栄養素・ビタミンUは水溶性なので、ゆで汁も捨てずにスープなどに使用しましょう。

キャベツと鶏の白みそポトフ

たっぷり野菜のポトフをご飯に合う和風味で

美肌　快腸　免疫力アップ

●材料（２人分）
キャベツ…1/4
骨付き鶏肉（手羽元）…２本
しめじ…1/2パック
えのき…1/2パック
にんじん…1/4本
にんにく…1/2片
コンソメ…2g
白みそ…大さじ1・1/3

●作り方
①にんにくは刻み、きのこはばらしておく。にんじんは大きめの乱切り、キャベツも大きく切っておく。
②厚手の鍋に①と鶏肉を入れ、材料がかぶる程度の水を入れ、加熱する。浮いてきた脂を取り、コンソメを入れて1時間コトコト煮る。
③白みそを溶いて入れる。
（1人分：エネルギー222㎉　たんぱく質15g　食物繊維6.0ｇ　食塩1.3ｇ）

小松菜のナムル

美肌　快腸　免疫力アップ

●材料（２人分）
小松菜…1/2束
塩昆布…大さじ1
ごま油…大さじ1/2
すりごま（白）…小さじ1

●作り方
①ゆでた小松菜を水に取り、ザルにあげて水気を絞り、食べやすい長さに切る。
②小松菜、塩昆布、ごま油を入れて全体がなじむまで混ぜすりごまを加え、盛り付ける。
（1人分：エネルギー49㎉　たんぱく質1.5ｇ　食物繊維2.0ｇ　食塩0.5ｇ）

夏野菜カレー

カロテンやポリフェノール豊富な野菜をたっぷりと

美肌　快腸　免疫力アップ

●材料（4人分）
なす…3本（250g）
ピーマン…3個（100g）
にんじん…1本（120g）
玉ねぎ…1個（200g）
かぼちゃ…1/4個（300g）
牛ひき肉…200g
にんにく…1片（みじん切り）
オリーブ油…大さじ3
トマト…3個（400g水煮可）

○A
赤ワイン…1/2〜1カップ
コンソメ…1個
ローリエ…1枚
カレー粉…大さじ2〜3

カレールウ…20g
塩…小さじ1/2
こしょう…少々
しょうゆ…大さじ1
ご飯…1人250g目安

●作り方
①なすは1㎝の輪切り、ピーマンは1㎝の角切り。玉ねぎはみじん切り、かぼちゃは2㎝角、にんじんはすりおろす。
②トマトは2㎝角に切る。
③オリーブ油を鍋に入れ、にんにくと玉ねぎを炒め、きつね色になったら、牛ひき肉、なす、ピーマンを炒め合わせ、Aとにんじんを入れて弱火で煮込む。
④柔らかくなったら、かぼちゃを加えて煮込み、カレールウ、塩、こしょう、しょうゆで味をととのえる。
⑤皿にご飯を盛り、④を盛り合わせる。
（1人分：エネルギー685㎉　たんぱく質15.9g　食物繊維6.2g　食塩1.7g）

冷製ミネストローネ

温かいスープとしてもおいしくいただけます

美肌　快腸　免疫力アップ　カロリーダウン

●材料（2人分）
ベーコン…1/2枚（10g）
玉ねぎ…小1/2個（80g）
じゃが芋…小1/2個（40g）
にんじん…2cm（20g）
セロリ…4cm（20g）
ホールトマト…1/4缶
マカロニ（ショート）…10g
サラダ油…小さじ1
チキンコンソメ…1個
水…1.5カップ
塩…少々
こしょう…少々
刻みパセリ…少々

●作り方
①野菜を細かく切る。
②厚手の鍋にサラダ油を入れ、弱火でベーコンを炒めて脂を出す。
③玉ねぎ、じゃが芋、にんじん、セロリを加えて炒める。
④ホールトマトをくずしながら加え、チキンコンソメ、水を加えて中火で煮る。
⑤沸騰したらマカロニを加えて、10分煮る。
⑥塩、こしょうで味をととのえ冷やし、器に盛り、刻みパセリを散らす。
（1人分：エネルギー127kcal　たんぱく質3.0g
食物繊維2.1g　食塩1.6g）

ピクルス

口の中をさっぱりと、疲労回復にもお酢が効きます

美肌　快腸　免疫力アップ　カロリーダウン

●材料（10人分）
白ワインビネガー…500mℓ
（りんご酢、穀物酢でも可）
水…500mℓ
グラニュー糖…150～200g
塩…小さじ1・1/3
しょうが（薄切り）…30g
たかの爪…1～2本
ローリエ…1枚
黒こしょう（ホール）…3～4粒
フレッシュハーブ…1～2枝
※タイム、セージ、ディル、エストラゴンなど

◆今回使った野菜
セロリ…1本（薄切り）
にがうり…1本（7mm幅）
パプリカ（赤・黄）…各1個（1.5cm幅）
にんじん…1本（スティック状）
みょうが…1パック（縦半分）

●作り方
①ワインビネガー以外の材料を鍋に入れ、フタをして加熱。
②沸騰したらフタを開けて、ワインビネガーを加えてひと煮立ちさせた後、冷ます。
③別鍋に水1ℓに塩小さじ2（分量外）を入れて沸騰させる。
④食べやすく切った野菜を順次入れて、浮いてくれば取り出して水気をきる。
⑤冷めた後②に2時間以上漬け込む。

（1人分：エネルギー30kcal　たんぱく質0.7g
食物繊維1.6g　食塩0.3g）

秋野菜の煮浸し

彩り豊かな野菜を大皿に
きのこ類や芋類もおすすめ

●材料（3人分）
かぼちゃ…75g
なす…1/2個
ごぼう…1/4本
れんこん…45g
にんじん…45g
里芋…75g
長唐辛子…3～6個
揚げ油…適量
かたくり粉…適量

○漬けダレ
だし…150㎖
薄口しょうゆ…大さじ1/2
みりん…大さじ1/2
酒…大さじ1/2
塩…小さじ1/6
酢…大さじ1/2
しょうが汁…小さじ1/2

●作り方
①かぼちゃは縦長に切る。なすは横半分に切り、各々6つのくし形に切り、水にさらす。
②ごぼうは皮をこそげ取り、なすの長さにそろえ2㎜厚に切り水にさらす。
③れんこん、にんじんは皮をむき2㎜の輪切りにし、れんこんは水にさらす。
④里芋は皮をこそげ取り一口大に切り、ラップをして電子レンジで5～6分加熱。
⑤長唐辛子はヘタ付きのまま、隠し包丁（包丁の先で1㎝の切り目）を入れる。
⑥漬けダレの酢としょうが汁以外の調味液を鍋に合わせて煮立たせ、40℃くらいに冷まし、酢としょうが汁を加える。
⑦里芋はかたくり粉をまぶしてから揚げ、ほかの野菜は160℃の油で野菜の色を残した素揚げにする。大皿に同じ種類の野菜をまとめて彩りよく盛り付け、熱いうちに漬けダレをかける。
（1人分：エネルギー120㎉　たんぱく質2.0g　食物繊維3.8g　食塩0.8g）

美肌　快腸　免疫力アップ　カロリーダウン

具だくさん里芋コロッケ

快腸　免疫力アップ

独特の〝ぬめり〟が胃や腸の働きを活発にします

●材料（5人分）

里芋（皮付）…500ｇ
鶏ひき肉…200ｇ
玉ねぎ…1/2個
ごぼう…1/3 本
にんじん…1/4本
ごま油…小さじ2
かたくり粉…大さじ1
小麦粉・溶き卵・パン粉…各適量
揚げ油…適量

○調味料
砂糖…大さじ1
しょうゆ…大さじ1
みりん…大さじ1
酒…大さじ1
顆粒だし…小さじ1

●作り方

①フライパンにごま油を熱し鶏ひき肉と粗みじん切りにした玉ねぎ、ごぼう、にんじんを炒め、調味料を加えて弱火で5分加熱。
②里芋を1㎝の輪切りにしてポリ袋に入れ、電子レンジで柔らかくなるまで加熱し、皮を取り除き袋に戻し、めん棒でたたきつぶす。
③ボールに①②とかたくり粉を合わせ、よく混ぜ冷ましてからピンポン玉ほどに丸め、小麦粉→溶き卵→パン粉の順に衣を付け、180℃の油できつね色になるまで揚げる。

（1人分：エネルギー255㎉　たんぱく質10.6ｇ　食物繊維3.5ｇ　食塩0.9ｇ）

秋の味覚 里芋

里芋は芋類の中でもエネルギーが低く、ナトリウムの排泄作用をもつカリウムや食物繊維が多いので、高血圧や便秘の予防に効果があります。ぬめりは、たんぱく質と多糖類の化合物であるガラクタンで、胃の粘膜や腸の働きを活発にしたり、血糖値や血中コレステロールの上昇を抑える働きもあります。

里芋の調理中に起こるかゆみの原因はシュウ酸カルシウム。土を落とし、よく乾かしてから皮をむいたり、手に酢を付けてむくとかゆみが緩和されます。皮付きのままラップに包み、電子レンジで加熱してから皮を除く方法もあります。ぬめりは薬効成分なので、できるだけ除かずに。

茎わかめとじゃが芋の煮物

食物繊維の豊富な海藻は、低カロリーで生活習慣病予防の強い味方

快腸　カロリーダウン

●材料（4人分）
茎わかめ…100ｇ
じゃが芋（メークイン）…400ｇ
豚もも肉（薄切り）…80ｇ
針しょうが…適量

○調味料
砂糖…大さじ1・1/2
薄口しょうゆ…大さじ1・1/2
酒…大さじ1・1/2

●作り方
①茎わかめは水に浸けて塩出しをし、熱湯にサッと通し、３㎝長に切る。
②じゃが芋は乱切り、豚肉は３㎝幅に切る。
③鍋に②を入れ、ひたひたに水を加える。火にかけ八分通り柔らかくなれば、豚肉、調味料を加え、ひと煮立ちさせる。その後、弱火にしてアクを取り、煮込む。
④③に①を加えて味がなじむ程度に煮る。
⑤器に盛り、針しょうがを天盛りにする。
（1人分：エネルギー140㎉　たんぱく質6.4g　食物繊維2.6g　食塩1.1g）

体にいい海藻

わかめ、海苔、ひじき、めかぶなど生の海藻類は、初春から初夏にかけて店頭で見かけます。

年中売っている乾燥や塩蔵の海藻類に比べ、生の海藻は肉厚でぬめりが多く、磯の香りが高いのが特長です。

海藻のぬめりは水溶性の食物繊維フコイダン、アルギン酸で、不溶性の食物繊維が豊富です。腸内のコレステロールを吸着して排出したり、血中での血糖の急激な上昇を抑制したりする効果も期待できます。さらに海藻類は100g当たり10㎉台と、かなり低エネルギー。生活習慣病予防にはとても優れた食材です。

カルシウムや鉄分も含むので、健康のためにさまざまな種類の海藻を、毎日食卓に取り入れましょう。

第4章

ばっちり貧血予防

疲れやすい、めまい、息切れ……
女性に多い貧血。
偏食や無理なダイエットなど食生活の乱れが
原因になることもあります。

規則正しく、バランスのとれた食事で貧血退治

血液の中の赤血球には、
酸素と結合して酸素を全身へ運搬する
ヘモグロビンという色素が含まれています。
一般的に貧血とは、
このヘモグロビン量が減少した状態をいいます。

ヘモグロビンは鉄とたんぱく質からできていて、
鉄の摂取が不足すると
ヘモグロビンを作り出すことができなくなり、
さまざまな貧血症状が出ます。
これを「鉄欠乏性貧血」といい、
全貧血の約7割を占めます。

女性は月経や出産に伴う鉄不足や、成長期、妊娠・授乳期には
鉄の必要量が増えるため、貧血に悩む人が少なくありません。

「鉄欠乏性貧血」は食事療法によって効果が出るので、
鉄分を多く含む食品やビタミン類を積極的に摂りましょう。

鉄分を多く含む食品を摂りましょう

貧血予防の基本は規則正しく、栄養バランスのとれた食事。成人女性では1日10.5mgの鉄を摂取する必要があります。鉄の必要量は下図に示すように、成長期、妊娠・授乳期によって変化します。鉄を多く含む食品には動物性と植物性があり、動物性の鉄はヘム鉄、植物性の鉄は非ヘム鉄と呼ばれます。体への吸収率は一般的にヘム鉄で約25%、非ヘム鉄ではわずかに約5%です。

鉄分と一緒にビタミンCとたんぱく質も

非ヘム鉄は良質なたんぱく質やビタミンCと一緒に摂ると、鉄の吸収率がアップし、また吸収後の鉄の利用効率を高めます。ビタミンCは体内で合成できないため、毎日新鮮な野菜や果物を摂りましょう。たんぱく質はヘモグロビンの材料となり、赤血球を作るホルモンの材料にもなります。赤血球を作るには、ほかにビタミンB_{12}や葉酸、ビタミンB_6、ビタミンB_2も必要なので、バランスのとれた食事を心がけましょう。

よく噛んで食べることにより胃液の分泌が促され、鉄が吸収されやすくなります。日本茶、紅茶、コーヒーは鉄の吸収を妨げるので、食事の前後1時間は控えましょう。

女性のライフステージ別　鉄必要量（1日あたり）

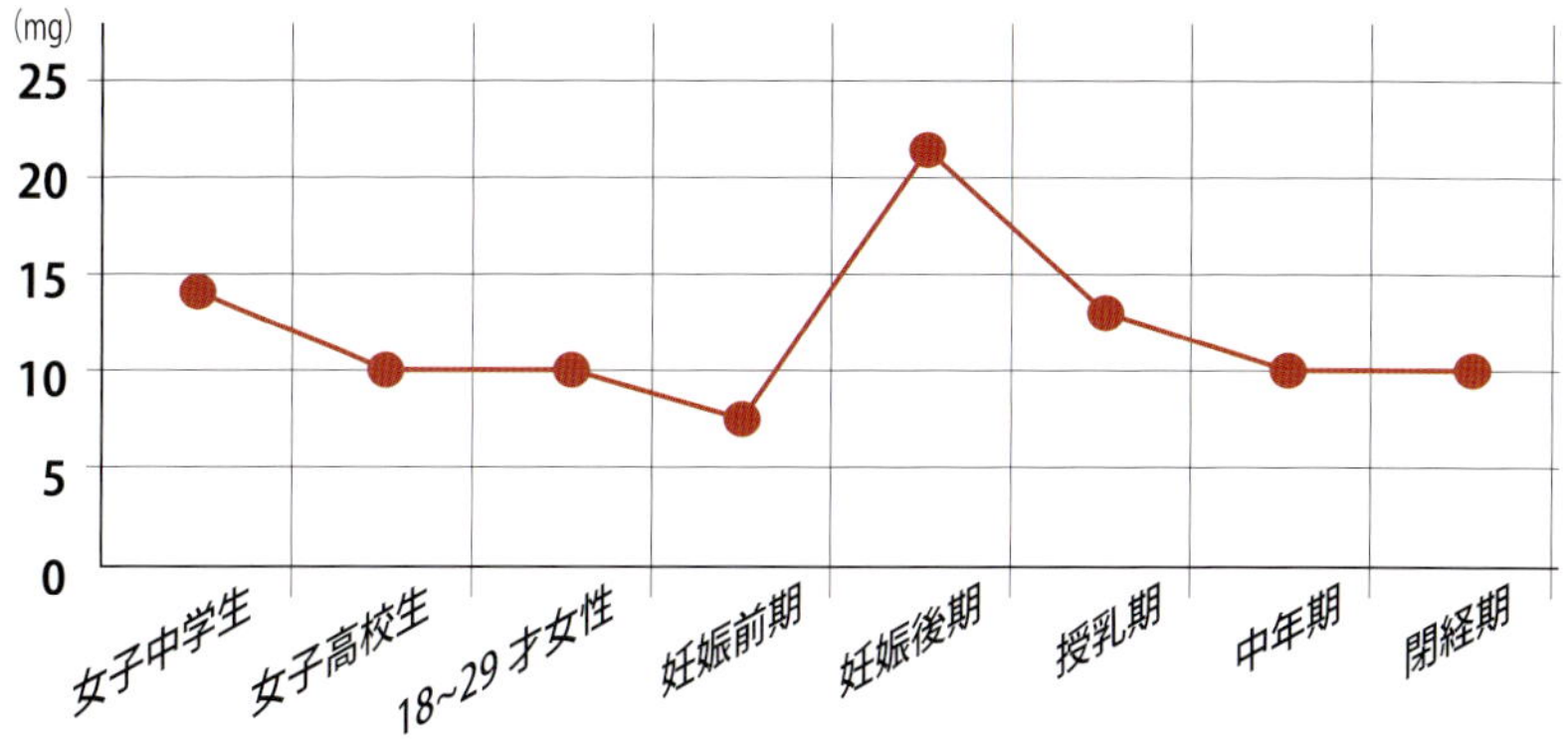

厚生労働省　食事摂取基準(2015年度)より
(妊娠前期、妊娠後期、閉経期以外は全て月経ありの場合)

※女性のライフステージ別　鉄必要量(mg、1日あたり)

鉄を多く含む食品

動物性食品

豚レバー、鶏レバー、牛レバー
マグロ、カツオ
煮干、牛肉赤身、卵黄

植物性食品

ひじき、海苔
ほうれん草、小松菜
納豆、油揚げ、大豆、ごま

※食事療法が効かない貧血や内臓の出血（子宮筋腫、胃炎、ガンなど）による貧血もあるので、症状が改善しない場合は医師に相談しましょう。

簡単ローストビーフ

豪華なローストビーフがフライパンで簡単に

貧血予防　カロリーダウン

Point

牛肉の赤身には
吸収率がよい
「ヘム鉄」が特に豊富です。

●材料（２人分）
牛もも肉（ブロック）…200ｇ
塩…小さじ2/3
黒こしょう（粗びき）…小さじ2/3
白ワイン…大さじ1
サラダ油…大さじ1
みりん、しょうゆ…各大さじ2
サラダ菜…適量

○薬味
ねぎ、しょうが、大根おろし…適量

●作り方
①牛肉を1時間ほど常温に戻しておく（冷たいままだと中まで加熱しにくいので）。
②肉に塩と黒こしょうをすり込む。フライパンにサラダ油をひき、肉全体に焼き色が付くまで回しながら強火で焼く。
③焼き色が付いたら白ワインをかけ、フタをして中火～弱火で、途中、裏返しながら約4分蒸し焼きにする。素早くアルミホイルに包み30分放置後、粗熱をとり、スライスして盛り付ける。
④②のフライパンにみりんとしょうゆを入れ、1/2に煮詰めソースにする。
⑤器に盛り、④とサラダ菜、好みの薬味を添える。
（1人分：エネルギー241㎉　たんぱく質20ｇ　鉄2.7㎎　食塩2ｇ）

電子レンジで作る青椒牛肉絲《チンジャオニューロースー》

美肌　貧血予防　カロリーダウン

牛肉、にんにく、ピーマンでスタミナ補給

Point

電子レンジのマイクロ波は
中央よりも円周に近い部分に集中します。
耐熱皿の中央を空けるのは、
マイクロ波の弱い場所を避けて均等に加熱するためです。

●材料（4人分）
牛もも肉（5㎜厚）
…200g
ピーマン…100g
赤パプリカ…100g

○ソース
オイスターソース…大さじ4
砂糖…大さじ1
ごま油…大さじ1
酒…大さじ1
かたくり粉…小さじ2
おろしにんにく…小さじ2

●作り方
①牛肉は5㎜幅のせん切りに。
②ピーマンとパプリカは種、綿を取り、5㎜幅に切りそろえる。
③ソースの材料をボウルに合わせ牛肉を加え、よくもみ込む。
④耐熱皿の中央を空けて野菜を置き、その上に③をのせる。器にラップし、その両端を少し開けておく。
⑤割り箸2本の上に④を置き、電子レンジで5～6分加熱（写真は電子レンジから取り出した状態。取り分ける前に均一に混ぜる）。
（1人分：エネルギー174㎉　たんぱく質11.1g　鉄1㎎　食塩0.9g）

牛肉と野菜のメンチカツ

貧血予防

ミンチにロース肉を加えて歯ごたえUP！野菜もたっぷりです

●材料（6個分）
牛ひき肉（赤身）…200g
牛ロース肉（焼き肉用など）…160g
塩…小さじ1
こしょう…少々
○A【玉ねぎみじん切り80g/れんこん5㎜角80g/青ねぎ小口切り50g
いりごま大さじ3/ひじき5g/パン粉大さじ2（酒大さじ3に浸す）】
小麦粉、溶き卵、パン粉…各適量
サラダ油…小さじ1×6

●作り方
①パン粉をトースター等できつね色に焼いておく。
②ひじきを水に浸けて戻しておく。
③牛ロースは粗みじん切りにする。
④ボウルに③とひき肉、塩こしょうを入れ粘りが出るまでしっかりこねる。さらに、Aを加えて全体にまんべんなく混ぜる。
⑤6等分にして薄力粉、溶き卵、①のパン粉の順に衣を付ける。
⑥オーブン皿にオーブンシートを敷き⑤を並べる。サラダ油を小さじ1ずつ回しかける。200℃に予熱したオーブンに入れ、12～15分焼く（肉汁が透明になればよい）。

（1個：エネルギー329㎉　たんぱく質14.2g　鉄2.1㎎　食塩1.1g）

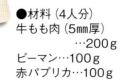

カキ雑炊

胃腸に負担をかけたくない時に

貧血予防　免疫力アップ　カロリーダウン

●材料（4人分）
カキ…200g
昆布だし…400～500mℓ
酒…大さじ2
ご飯…約300g
みそ…大さじ2弱
にら（みじん切り）…20g
卵…1個
薄口しょうゆ、塩…適宜

○薬味
ごま、海苔、しょうが汁…各適量

●作り方
①加熱調理用のカキは塩（またはレモン汁、大根おろし：分量外）でよくもみ、水でしっかり2回洗う。
②鍋に昆布だしを沸かして酒を加えて①を1分湯通し。ざるにあげて飾り用以外は1個を3等分に切っておく。
③②の煮汁のアクを取り、みそを溶き入れる。ご飯をほぐし入れ、②と一緒に煮る。味が足りないときは薄口しょうゆや塩を少々加えてととのえる。
④にらと溶き卵を加えて火を消し、フタをして蒸らす。
⑤器に入れ好みの薬味を散らす。
（1人分：エネルギー202㎉　たんぱく質8.1g　鉄1.7㎎　食塩1.8g）

アサリのお手軽雑炊

アサリの水煮缶を使った栄養バランスの良い軽食

骨美人　快腸　貧血予防　免疫力アップ

Point

アサリには鉄分だけでなく、赤血球を作るビタミンB12も豊富。

●材料（2人分）
ご飯…240g
アサリ水煮缶…小1缶
しめじ…50g
生わかめ…20g
にら…30g
卵…2個

○スープ
だし…300mℓ
酒…大さじ1
みそ…大さじ1強
薄口しょうゆ…小さじ1
アサリ水煮缶汁…50mℓ

●作り方
①冷飯を使う場合は流水でよく洗い、ぬめりを取り、ザルにあげておく（あたたかいご飯を使う時は洗いは不要）。
②しめじは石づきをとり、ほぐしておく。
③にらは2㎝長に切る。
④鍋にスープの材料を入れて煮立てる。ご飯、しめじを入れ、わかめ、アサリの順に入れて煮る。最後ににらを入れ、火からおろす際に溶き卵を流し入れ半熟状にする。
（1人分：エネルギー335㎉　たんぱく質16.8g　鉄11.1㎎　食塩2.2g）

さっぱりといただけるヘルシーな組み合わせ

アサリご飯

骨美人　貧血予防

●材料（4人分）

米…300g
水…420mℓ
アサリ（缶）…180g
油揚げ…25g
しょうが…1片
昆布…5g
みりん…大さじ1・1/3
薄口しょうゆ…大さじ1・1/3
みつ葉…4本

●作り方

①しょうがはみじん切り、油揚げは熱湯をかけて油抜きし、せん切り。
②洗い米と、水を炊飯器に入れ、切り目を入れた昆布を加えて30分浸ける。
③アサリ缶（缶汁ごと）、①、みりん、しょうゆを加え炊く。
④蒸らした後に昆布を取り出し、刻みみつ葉を加える。

（1人分：エネルギー335㎉　たんぱく質10.7g　鉄9.5㎎　食塩1.2g）

ねぎとじゃが芋の呉汁

美肌　貧血予防　免疫力アップ

●材料（4人分）

九条ねぎ…60g
じゃが芋…150g
サラダ油…20g
豆乳…400mℓ
だし…150mℓ
塩…小さじ1/2
小ねぎ（小口切り）…適量

●作り方

①九条ねぎは斜め切り。
②じゃが芋は皮をむき5㎜に輪切り、さらに3㎜の細切りにして水に浸けたものをザルにあげ、ペーパータオルで水気を取る。
③フライパンに油をひき、①を炒めてから②を加えてしっかり炒める。
④③とだし、豆乳200mℓを加えミキサーにかける。
⑤深手のソースパンを使い、残りの豆乳を加えて煮込み、塩、こしょうで味をととのえる。吸い口として小ねぎを散らす。

（1人分：エネルギー94㎉　たんぱく質4.2g　鉄1.5㎎　食塩0.8g）

貝の力

貝は動物性食品の中では脂肪が少なく、たんぱく質を多く含み、ビタミンB_6、B_{12}やカルシウム、鉄、亜鉛、マグネシウム、カリウムなどのミネラルを豊富に含むため、骨粗しょう症の予防や鉄欠乏性貧血の予防などに役立ちます。

さらに、カリウムは余分な塩分を体外に排泄することから血圧降下作用があり、亜鉛は身体の細胞を合成するのに必要な成分です。亜鉛不足は舌の味蕾の形成が阻害され、味覚障害に陥ります。

うま味成分のアミノ酸の一つグルタミン酸や、有機酸の一つであるコハク酸を多く含むため、アサリ汁やシジミ汁などは、貝だけでおいしいだしが取れます。

納豆アレンジ３種

**いつもの納豆が
ひと味違ったおいしさに**

骨美人　免疫力アップ

Point

納豆には植物性の「非ヘム鉄」が
たっぷり。
ビタミンCの豊富な野菜や
たんぱく質食品と一緒に食べると
吸収率UP。

パンにのせて カナッペに 洋風チーズ納豆

●材料（４人分）
納豆…２パック
付属のタレ…２袋
ミニトマト…３個
クリームチーズ…１片
バジル…適宜

（1人分：エネルギー223㎉　たんぱく質9.8g　鉄1.2㎎　食塩0.8g）
※食パン１人分60gとして

ご飯が進む 韓流キムチ納豆

●材料（４人分）
納豆…３パック
付属のタレ…３袋
卵…１個
キムチ…大さじ1
ごま油…小さじ1/2
ねぎ…少々

（1人分：エネルギー347㎉　たんぱく質11.2g
鉄1.6㎎　食塩0.2g）
※ご飯１人分150gとして

麺にも合います 和風おろし納豆

●材料（４人分）
納豆…２パック、付属のタレ…２袋
酢…小さじ1・1/2
大根おろし…大さじ2
じゃこ…大さじ1
きゅうり…1/4本
しば漬…小さじ1、ごま…少々

（1人分：エネルギー212㎉　たんぱく質8.4g　鉄1.2㎎　食塩0.6g）
※うどん１人分150gとして

納豆の 貧血撃退 パワー

納豆は蒸した大豆に納豆菌を加えて発酵させた発酵食品。貧血改善に有効な納豆の成分を紹介します。

●たんぱく質

「畑の肉」と呼ばれる大豆には、赤血球を作る良質なたんぱく質が豊富に含まれています。特に納豆のたんぱく質は消化、吸収されやすく優れものです。

●鉄

納豆1パック(45g)に1.5㎎の植物性の非ヘム鉄を含み、これは牛レバー約40g分に相当します。非ヘム鉄はビタミンC、良質なたんぱく質と一緒に摂ると、吸収率が良くなります。

納豆入り焼きサモサ

納豆を主役にしたカレー味のインド風軽食

骨美人　免疫力アップ

●材料（2人分）

納豆…1パック
じゃが芋（男爵）…小1個
ピザ用チーズ…30g
小松菜…1株
春巻きの皮…5枚
カレー粉…小さじ1
塩、こしょう…少々
小麦粉…適量
揚げ油…適量
サラダ油…適量

●作り方

①納豆をラップの上に薄く広げ、小麦粉を薄くふりかける。揚げ油を中温に温め、納豆をきつね色になるまで揚げる。キッチンペーパーに取り、バラバラにほぐしておく。
②じゃが芋をラップに包み、電子レンジで竹串が通るまで加熱。皮をむきマッシュにする。小松菜は根を落とし約5㎜長の粗みじん切りにする。
③ボウルに①②を入れ、ピザ用チーズ、カレー粉、塩、こしょうを加え混ぜ15等分。春巻きの皮をたて1/3に切り、帯状にする。皮の下端に具をのせ、下から順に三角形に折り、端を水で溶いた小麦粉を付け、巻き終わりを下にして置く。
④皮の表面にサラダ油を薄く塗り、オーブンでこんがりと焼く。お好みでケチャップやスイートチリソースを。

（1人分：エネルギー238㎉　たんぱく質10.3g　鉄0.8㎎　食塩0.5g）

◆サモサ…インド料理の軽食。ゆでてつぶしたじゃが芋とグリーンピースなどを香辛料で味付けし、小麦粉で作った薄い皮で三角形に包み揚げたもの。

●銅

ヘモグロビン合成に不可欠なミネラルで、小腸からの鉄吸収も促進。納豆のほかにレバー、カキ、ホタルイカ、豆腐などに含まれます。

●葉酸

納豆のほかに緑黄色野菜（ほうれん草、ブロッコリーなど）やレバー、卵に含まれます。葉酸は造血やたんぱく質の合成に欠かせません。水に溶けやすく、加熱により壊れやすいので、生で食べる納豆はおすすめです。

●ビタミンB_2とビタミンB_6

ビタミンB_2は赤血球の生成に、B_6は赤血球の代謝に関与。ビタミンB_2は原料の大豆にはわずかしか含まれませんが、納豆菌の発酵により含有量が増加します。

春キャベツとホタルイカのペペロンチーノ

あっさりした大人の味のパスタです

Point

貧血予防　血液サラサラ

内臓まで食べられるホタルイカには
ビタミンB_{12}や銅といったヘモグロビンを合成するのに
必要な栄養成分が豊富。

●材料（4人分）

春キャベツ…200ｇ
ホタルイカ…20杯
ショートパスタ
（ファルファッレなど）…250ｇ
オリーブ油…大さじ2
にんにく（薄切り）…2片
たかの爪（輪切り）…1本
実山椒…大さじ1
塩、こしょう…各少々
レモン…適宜

●作り方

①キャベツはざく切りにする。
②パスタは1％の塩水でゆでる。規定ゆで時間の残り1分ほどのところで①を入れてゆで、ザルに上げる。
③フライパンにオリーブ油、にんにくとたかの爪を入れて火にかける。
④香りがでたらホタルイカ、②の順にフライパンに入れて炒め、実山椒を加え、塩、こしょうで味をととのえる。
⑤皿に盛り付け、好みでレモンを絞る。

（1人分：エネルギー348kcal　たんぱく質13.6g　鉄1.2mg
ビタミンB_{12} 3.5μg　食塩2.0g）

おつまみ3種

低カロリーなお酒の肴、鉄分豊富な砂肝を加えて

貧血予防　免疫力アップ

◆生イカの即席松前漬

●材料（４人分）

甲イカ…60g
塩…ひとつまみ
ごま油…小さじ1
がごめ昆布…4g
切干大根…4g
にんじん…10g
○漬け汁
　しょうゆ、酒、みりん…各小さじ2
　砂糖…小さじ1
　唐辛子…適量

●作り方

①にんじんはせん切りにする。切干大根は水に10分浸け、水を交換して洗い水気をきる。

②甲イカをせん切りにし、塩、ごま油をまぶす。

③①と②の材料を漬け汁で和え、皿に盛る。好みで大根おろしとポン酢をかける。

（1人分：エネルギー36kcal
たんぱく質2.8g　鉄0.2mg　食塩0.7g）

◆砂肝のカリカリ揚げ

●材料（４人分）

砂肝…100g　こしょう…適量　しょうゆ…小さじ2
かたくり粉…大さじ1　揚げ油…適量

●作り方

①薄切りにした砂肝にこしょう、しょうゆをまぶし、10分おき、かたくり粉をまぶす。

②クッキングシートの上に①を置き、揚げ油を少量ずつ回しかけてトースターでこんがりと焼く。

（1人分：エネルギー36kcal　たんぱく質4.8g　鉄0.6mg　食塩0.5g）

◆生ハムの大根サンド

●材料（４人分）

生ハム…４枚　大根…６cm　塩…ひとつまみ

●作り方

①大根は皮をむき、16枚の輪切りにし、ふり塩をして重ね５分おき、軽く押して水気を取る。

②①の大根２枚に生ハム1/2枚を挟んで半月に切り、器に盛り付け、好みのソースやポン酢をかける。

（1人分：エネルギー18kcal　たんぱく質1.4g　鉄0.1mg　食塩0.2g）

子どもの食事

ミニ講座

食べることは生きるための基本。「食べる力」は発育、成長にともない発達しますが、子どもの発育、成長には個人差があるので、食事の無理強いはよくありません。

子どもの「食べる力」を育むには環境作りが必要です。一人ひとりの子どもが、広がりのある食の世界や人との関わりを通じて食べる力を育み、健やかな心と身体を育んでいくことができるように、社会全体で取り組んでいくことが求められています。

厚生労働省では『楽しく食べる子どもに～食からはじまる健やかガイド～』の中で、子どもがさまざまな角度から「食」に関わりを持ち、「楽しく食べる子ども」に成長することをめざしています。

では、「楽しく食べる子ども」とは、どんな子どもでしょう。具体的には、下図に示した5つのポイントがあります。

下図に示すように、子どもは5つのポイントが総合的に関わり合って成長していきます。どうすれば「楽しく食べる子ども」を育てることができるのか、毎日の食事を通じて工夫してみましょう。

「楽しく食べる子ども」を育てる

楽しく食べる子ども

① 食事のリズムがもてる子ども

空腹感や食欲を感じ、それを適切に満たす心地よさを経験することが大切です。

② 食事を味わって食べる子ども

離乳期からいろいろな食品に親しみ、見て、触って、自分で食べようとする意欲を大切に、五感（味覚、触覚、嗅覚、視覚、聴覚）を使っておいしさの発見を繰り返す経験が重要です。

③ 一緒に食べたい人がいる子ども

家族や仲間と一緒になごやかな食事を体験することにより、安心感や信頼感を深めていくことが大切です。

④ 食事づくりや準備にかかわる子ども

子どもの周りに準備や食作りに関する魅力的な活動を増やし、満足感や達成感を体験させましょう。

⑤ 食生活や健康に主体的にかかわる子ども

幼児期から遊びや絵本を通じて食べ物や身体のことを話題にする機会を増やし、思春期には自分の身体や健康を大切にする態度を身につけます。

第5章

やっぱり血液サラサラ

若さと健康を保つには、
血液がスムーズに
体をめぐっていることが必須。
食事はもちろん
軽い運動や気分転換も
大切な要素です。

動脈硬化の予防が健康への第一歩です

肉類や揚げ物、炭水化物の摂り過ぎ、野菜不足などによって、血液中の脂質（中性脂肪、ＬＤＬ－コレステロール）や糖質が多い状態が血液ドロドロの状態をまねきます。血液ドロドロが続くと動脈硬化を引き起こし、心筋梗塞や脳梗塞などを発症する危険があります。

血液サラサラをめざすには、食べ過ぎ飲み過ぎなどの生活習慣を改善し、脂質異常や高血圧、高血糖を予防することが大切。同時に、血管をしなやかにする栄養素を積極的に摂りましょう。肉類（特に脂身）、バター、スナック菓子類には、体の中でＬＤＬ－コレステロールの合成を促進する飽和脂肪酸が多く含まれるので、摂り過ぎに注意！

ＥＰＡ、ＤＨＡの多い青魚を食べましょう！

青い背の魚（イワシ、アジ、サバ、サンマ、カツオ、ブリなど）には、ＤＨＡ（ドコサヘキサエン酸）やＥＰＡ（エイコサペンタエン酸）という脂肪酸が豊富に含まれ、赤血球や血小板に作用して血液の流れを良くします。特にＥＰＡは血中の中性脂肪を正常に保つ働きや、血小板の働きを高める作用があります。他にもＤＨＡには脳機能の活性化、うつや認知症の予防改善機能があり、ＥＰＡにはアレルギーの抑制機能なども知られています。

「日本人の食事摂取基準２０１５年版」で、成人ではＤＨＡ・ＥＰＡ合わせて1日1g（1000㎎）以上の摂取が推奨されています（サバ30g、アジ70gが目安）。ＥＰＡとＤＨＡは魚以外の食品にはほとんど含まれていないので、世代を問わず積極的に青魚を摂りたいものです。

野菜や果物には抗酸化ビタミンがたっぷり

悪玉コレステロールの正体は、ＬＤＬ－コレステロールが酸化したもの。抗酸化作用があるビタミンやポリフェノールを多く含む野菜や果物を、積極的に食べるようにしましょう。

特に抗酸化作用が強く、動脈硬化の予防に必要とされるのはビタミンEとC。ビタミンEはそれ自体が酸化されやすいので、Cと一緒に摂ると効果的です。また、ビタミンCは丈夫でしなやかな血管細胞を構成するコラーゲンの生成に欠かせない栄養素でもあります。

野菜や果物に豊富に含まれる食物繊維は、コレステロールを排泄したり血糖値の上昇を抑制する作用があります。さらにナトリウムを排泄する作用のあるカリウムも多く含まれているので、高血圧の改善や予防にもおすすめです。ただし果物の摂り過ぎは、中性脂肪を高くするので要注意。1日に必要な量は野菜350g・果物200gです。

植物油や種実類も適度に

魚が苦手な人やアレルギーがある人は、EPA・DHAと同じオメガ3脂肪酸系列のαリノレン酸が多いエゴマ油（シソ油）がおすすめですが、酸化しやすいので加熱調理には不向き。ドレッシングなどに使用し、早く使い切るようにします。また、オリーブオイルに多く含まれるオレイン酸は、LDL-コレステロールを下げる作用があります。

種実類には、植物ステロールが含まれており、コレステロールを下げる作用があり、ビタミンEやマグネシウムなども多いので、1日に5〜10g程度は摂りたい食品。ただし種実類には脂質が多く、1gあたり9kcalあるので、摂り過ぎには注意しましょう。

DHA・EPAを豊富に含む青魚

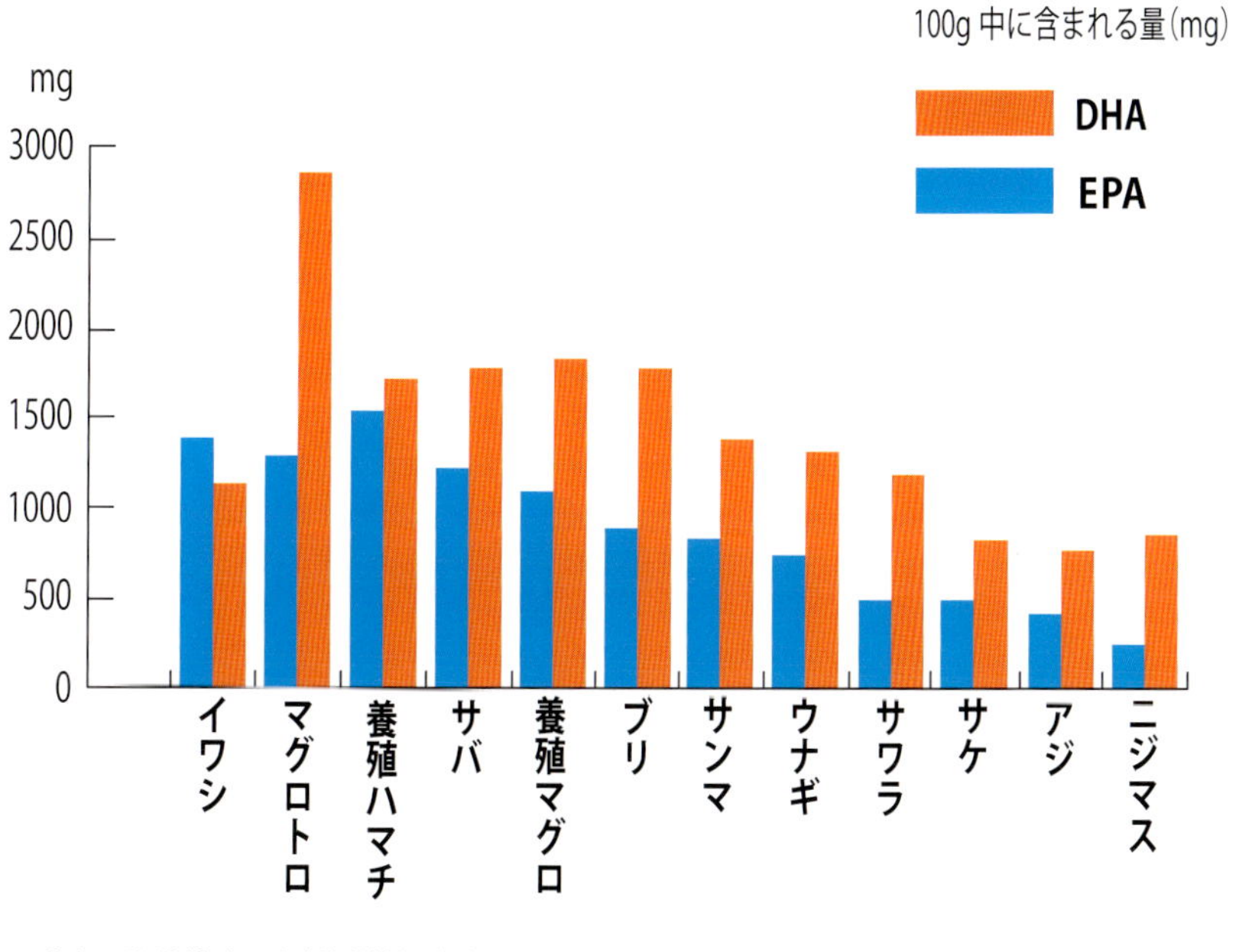

日本食品脂溶性成分表（科学技術庁資源調査会編）より

ブリ大根

美肌　血液サラサラ　免疫力アップ

**ご飯にもお酒の肴にも合う
おふくろの味**

●材料（4人分）
大根、ブリ（アラ）…各600g
青菜…100g
米のとぎ汁…適量

○調味料
しょうゆ
…大さじ4
砂糖
…大さじ2
みりん
…大さじ3
酒…大さじ3
水…300mℓ
白髪ねぎ
針しょうが
糸唐辛子
…各適量

●作り方
①ブリに塩大さじ1（分量外）をふり、20分ほどおく。たっぷりの熱湯で表面が白くなるまでゆで、冷水で血液やうろこを洗い落とす。
②皮をむき半月切りにした大根を、米とぎ汁で柔らかくなるまでゆで、水洗い。
③青菜（大根葉、かぶ、セリなど）をゆで、4㎝長に切る。
④平鍋に②をしき、①を重ね、調味料と水を加え20分ほど加熱。煮汁を少量取り出して冷まし、③を漬ける。
⑤器に盛り付け、好みで白髪ねぎ、針しょうが、糸唐辛子などを添える。
（1人分：エネルギー270㎉
たんぱく質20.6g　脂質15.9g　食塩1.4g）

大根皮のきんぴら

快腸　免疫力アップ　カロリーダウン

余った大根の皮でもう一品

●作り方
①ピーラーでむいた大根の皮（1本分…100g）を3㎝長に切る。大根葉（25g）は刻み、各々ペーパータオルでしっかり水気を取る。
②熱したフライパンにごま油（小さじ1）をしき、ちりめんじゃこ（40g）をカラッとなるまで炒り、①を加えてさっと炒め、しょうゆ、みりん（各小さじ1）、顆粒だし（小さじ1/2）を絡める。器に盛り付け、好みでごまや七味をかける。
※( ) 内の材料は4～6人分。加熱し過ぎは歯触りが悪くなるので注意。

アジのフェ

韓国風お刺身「フェ」 青魚はDHAやEPAの宝庫です

血液サラサラ　免疫力アップ　カロリーダウン

●材料（2人分）
アジの刺身…2パック
きゅうり…1本
小ねぎ…適量
糸唐辛子…適量

○チョコチュジャン
コチュジャン…小さじ4
味噌…小さじ1
酢…大さじ2
砂糖…小さじ2
にんにく（すりおろし）1/2片
すりごま…小さじ2

●作り方
①きゅうりはせん切りにして水に浸しておく。
②チョコチュジャンの材料を混ぜ合わせる。
③水気をきったきゅうりとアジの刺身を皿に盛り、チョコチュジャンを回しかける。
④小口切りにした小ねぎと糸唐辛子を添える。
（1人分：エネルギー116kcal　たんぱく質13.9g
脂質3.9g　食塩0.9g）

唐辛子味噌（コチュジャン）に酢を加えたのが韓国風酢味噌（チョコチュジャン）。
焼肉のように、フェも野菜に包んで食べるのが韓国流です。

Point

カツオのたたき

たっぷりの玉ねぎと薬味を添えてヘルシーに

貧血予防　血液サラサラ　免疫力アップ　カロリーダウン

●材料（5人分）
カツオ…300g
新玉ねぎ…300g
小ねぎ…30g
にんにく（薄切り）…適量
しょうが（すりおろし）…適量
大葉…適量

○つけ合わせ野菜
セロリ…50g
きゅうり…50g
みょうが…2個

○タレ
柚子またはレモンの絞り汁…50㎖
酒…大さじ2・1/2
薄口しょうゆ…大さじ2
塩…小さじ1
砂糖…大さじ2
顆粒だし…小さじ1/2

●作り方
①よく熱したフライパンにサラダ油（分量外）をひき、中火でカツオの皮面を20秒、ほかの面を10秒ほど焼き、素早く氷水に浸け、ペーパータオルで水気を取り、やや厚めの刺身に切る。
②玉ねぎはみじん切り、ねぎは小口切りにして、それぞれ水にさらしてから、ザルとペーパータオルで水気を取る。
③①を大皿に並べ、塩を均等にふり、②をのせてタレをかけ、冷蔵庫で30分～1時間漬け込む。
④付け合わせの野菜はせん切りにし、水にさらした後に水気を取り皿に盛り、③を盛り付け、好みで大葉や薬味のしょうが、にんにくを添える。
（1人分：エネルギー114kcal　たんぱく質16.6g
脂質0.4g　食塩1.3g）

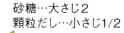

アジのチーズパン粉焼き

魚の匂いやクセが苦手な人も大丈夫

美肌　血液サラサラ

●材料（4人分）
アジ（3枚おろし）…8枚
塩、こしょう…各少々

○A
パン粉…1/2カップ
粉チーズ…大さじ2
パセリ（みじん切り）…小さじ2
赤ピーマン（みじん切り）…1/3個
オリーブ油…大さじ2

●作り方
①アジは骨抜きをして塩、こしょうする。
②Aを合わせ、アジの背を上にして全体にまぶして軽く押さえる。
③220℃に予熱したオーブンで10分焼く（トースターでもよい）。
（1人分：エネルギー184㎉　たんぱく質15.9g　脂質11.2g　食塩0.8g）

アジのポテトサラダ挟み焼き

余ったポテトサラダがおしゃれに変身

美肌　血液サラサラ

●材料（4人分）
アジ（3枚おろし）…4枚
塩、こしょう…各少々
かたくり粉…適量
ポテトサラダ…120g
きゅうり…1/2本
トマトソース…150㎖
塩、こしょう…各少々

●作り方
①アジは骨抜きをして塩、こしょうする。ポテトサラダを4等分する。
②身の部分にかたくり粉を薄くまぶし、ポテトサラダを挟み、2つに切り分ける。
③200℃に予熱したオーブンで約10分焼く（トースターでもよい）。
④トマトソースに塩、こしょうをして味をととのえ、器に敷いて③をのせる。
⑤ピーラーでスライスしたきゅうりを添える。
（1人分：エネルギー154㎉
たんぱく質16.0g　脂質2.6g
食塩1.5g）

サンマときゅうりの混ぜご飯

香ばしく焼き上がったサンマを炊きたてのご飯に

血液サラサラ

●材料（4人分）
ご飯…2合
サンマ…1尾

○タレ
濃口しょうゆ…大さじ1
みりん…大さじ2

きゅうり…1本
すりごま（白）…大さじ1
カボス…1個

●作り方
①きゅうりは薄い半月切りにし、塩少々（分量外）をふり軽く混ぜ15分おく。水気をしっかり絞る。
②サンマは振り塩（分量外）をして約10分おき、余分な水分を拭き取ってグリルでしっかり焼く。
③小鍋にタレの材料を合わせひと煮立ちさせる。
④②が焼き上がったら、小骨に気を付けて骨を外し熱いうちに身をほぐし、③と混ぜる。
⑤炊きたてのご飯に、①④とすりごまを混ぜ、器によそって、くし形に切ったカボスを添える。
※カボスの代わりに焼き海苔を散らしてもよい。
（1人分：エネルギー382㎉　たんぱく質12.2g　脂質7.9g　食塩1.4g）

即席イカめし

タウリンや亜鉛が豊富なイカと残りご飯を使って

美肌　血液サラサラ

●材料（2人分）
スルメイカ（胴20㎝位）…2杯
ご飯…100g
鶏もも肉…50g

○A
酒、みりん、しょうゆ…各小さじ1
みそ…大さじ1
青ねぎ…2本

○タレ
砂糖…大さじ1/2
酒、みりん、しょうゆ…各大さじ1
サラダ油…小さじ2

●作り方
①イカは胴と足に分けて内臓を取って洗う。足の部分は吸盤を包丁で取り除き5㎜幅に刻む。
②フライパンに細かく切った鶏もも肉、イカの足、Aを加えてまんべんなく火を通す。ご飯、小口切りした青ねぎを混ぜ合わせる。
③イカの胴に②を均等に詰めて爪楊枝で止める。表面に7～8㎜幅の切り込みを入れる。
④フライパンに油をひき、中火から弱火で③の表面を熱し、焼き色が付いたら裏返す。合わせたタレをかけて煮詰める。
⑤食べやすい大きさに切って盛り付ける。
（1人分：エネルギー308㎉　タンパク質22.0g　脂質11.8g　食塩2.9g）

サバ缶のココナッツカレー

Point

女性が好きなココナッツ風味

市販のカレールウは小麦粉と油が主成分なので意外と高カロリー。ルウから手作りすると油の量やスパイスなどを加減できるのでオススメです。

血液サラサラ　免疫力アップ　カロリーダウン

●材料（4人分）
玉ねぎ…100g
ししとう…6～12本
セロリ…1本
なす…小1本
カシューナッツ（粉末）…30g
トマトピューレ…60g
ココナッツミルク…200㎖
チキンブイヨン…300㎖
サバ水煮缶…1/2 缶
サラダ油…大さじ2
塩…少々
ガラムマサラ…小さじ2
ライム…適宜

○スパイスA
ローリエ…1枚
赤唐辛子…1本
カルダモン…小さじ1
クミン…小さじ1

○スパイスB
カレー粉…大さじ2
クミン…小さじ1/2
レッドチリペッパー…小さじ1/2以上
コリアンダー…小さじ1

●作り方
①鍋にサラダ油、スパイスAを入れて弱火で炒め、スパイスから小さな泡が出て香りがしてきたら、粗みじん切りの玉ねぎを加えてきつね色になるまでじっくり炒める。
②①にみじん切りのししとうを加えて炒める。スパイスBを加えて焦がさないように炒める。カシューナッツ、トマトピューレを加えて水分を飛ばすように煮詰める。
③②にココナッツミルク、チキンブイヨン、サバ缶を加えて弱火で20分ほど煮込む。
④ほどよいとろみが出てきたらセロリとなすを7㎜厚の半月切りにしてさっとソテーし、塩をふって軽く煮込む。ガラムマサラを加えて5分ほど煮込み、味をととのえる。好みでライムを絞ってもよい。

（1人分：エネルギー482㎉　たんぱく質13g　脂質18g　食塩1g）
※ご飯を150gとして計算。

焼きサバのきのこソース

塩ではなく砂糖でしめたジューシーな焼きサバの減塩レシピ

美肌　快腸　血液サラサラ

●材料（2人分）
サバ…70g（2切れ）
えのき…1/5束
しめじ…1/5束
パプリカ（赤）…1/5個
さらしねぎ…適宜

○調味料
酢…大さじ1
砂糖…小さじ2
塩…ひとつまみ

●作り方
①サバに砂糖大さじ2（分量外）をまぶし、冷蔵庫で2～3時間おき、砂糖をさっと洗い流し、グリルで焼く。
②きのこは石づきを取り3～4㎝長に切る。パプリカはきのこの長さにそろえせん切りにする。電子レンジで材料が熱くなるまで加熱し、熱いうちに合わせた調味料をかけて冷ます。①のサバに添え、ねぎを散らす。
※砂糖の浸透圧でサバをしめ、ソースには香りやうま味のあるきのこを減塩の甘酢に漬けて、焼きサバの香ばしさを味わう。
（1人分：エネルギー154㎉　たんぱく質15.2g　脂質8.6g　食塩0.3g）

パプリカの白和え

パプリカのビタミンCとごまのビタミンEで抗酸化力アップ

●材料（6人分）
パプリカ（赤・黄）…各1/2個
木綿豆腐…1丁

○調味料
練りごま…大さじ2
砂糖…小さじ4
塩…小さじ2/3
酢…大さじ3
黒こしょう（粗びき）…適宜

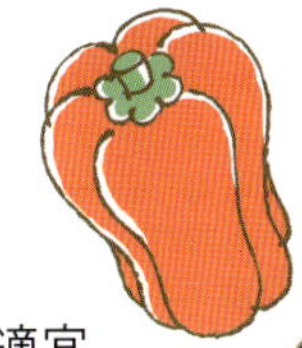

●作り方
①パプリカは5㎜幅の細切りにした後、2㎝長に切る。
②サラダ油を少々加えた熱湯で、パプリカをさっとゆで、ザルにあげて冷ます。
③豆腐はペーパータオルに包み、電子レンジで3分加熱し、しっかりと水気を絞る。
④ボウルに調味料を合わせ、③をほぐしながら加え、均一な和え衣を作る。
⑤④にパプリカを加えて和え、器に盛る。
⑥好みで黒こしょうをかける。
※豆腐の重さが、水切り前の2/3になるまでしっかりと水分を絞るのがポイント。
（1人分：エネルギー107㎉　たんぱく質5.8g　脂質6.1g　食塩0.7g）

骨美人　血液サラサラ　免疫力アップ

種実類の和え衣３種 美肌 血液サラサラ

いろいろな料理に使える
ごま、くるみ、ピーナッツの和え衣

◇材料と作り方（和え衣２食分）
エネルギーは１人分の和え衣で示しています。

豆腐入りごまみそと
水菜の白和え

【豆腐入りごまみそ】

白ごま…10g
（香ばしく煎る。市販の煎りごまも使用前に少し煎ると香ばしい）
豆腐…50g
（お湯にくぐらせてから約2/3になるように絞る）
白みそ…10g
（京の白みそなど甘みその場合は20g）
砂糖…小さじ2弱
塩…ひとつまみ
※油が出てくるまでよくすったごまに、ほかの材料をよくすり合わせる。（1人分：エネルギー79㎉）

【くるみみそ】

くるみ…15g
（香ばしく煎っておく）
八丁みそ…大さじ1
砂糖…大さじ1強
酒…小さじ2
※粗く刻んだくるみを油が出るまですりつぶし、ほかの材料を加えてよくすり合わせる。
（1人分：エネルギー90㎉）

くるみみそと
きのこのくるみ和え

Point

種実類にはコレステロールを下げる効果をもつ植物ステロールや抗酸化ビタミンEが豊富

ピーナッツクリームと
里芋のピーナッツクリーム和え

【ピーナッツクリーム】

ピーナッツ…40g（香ばしく煎っておく）
オリーブオイル…大さじ1/2
バター…大さじ1/2
砂糖…小さじ2弱　塩…ひとつまみ
※粗く刻んだピーナッツを油が出るまですりつぶし、ほかの材料を加えてよくすり合わせる。
（1人分：エネルギー189㎉）

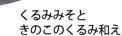

おいしく、楽しく、栄養満点 お弁当作りのポイント

欧米で注目を集めているのが「BENTO」。
その理由は、小さな箱に
一食分の栄養が盛り込まれ、
おいしさだけでなく美しさも
兼ね備えている点にあるようです。
素敵なお弁当を作るためのポイントを紹介します。

お弁当箱選びはとても大切

カラフルで楽しいお弁当箱が販売されていますね。まずは自分に合ったサイズのお弁当箱を選びましょう。

お弁当箱の容量(ml)と摂取できるエネルギー量(kcal)はほぼ一致します。ただし活動量、体格には個人差があるので、体重の増減やお腹がすくなどの様子がみられたら、お弁当箱のサイズを見直しましょう。お弁当箱を買うときは容量の表示を確認して選ぶことが大切です。

■エネルギー必要量にあったお弁当箱のサイズ　(　)は男性

	1食のエネルギー量(kcal)	お弁当箱サイズ(ml)
幼　児	420〜430	400
高齢者	580〜630 (730〜810)	600 (700)

(注) 身体活動レベル普通の場合を示しています。
活動量が少ない人は−100ml、活動量が多い人は+100ml のお弁当箱を選びましょう。
「日本人の食事摂取基準 2015年(厚生労働省)」より作成

3・1・2弁当箱法とは？

栄養バランスのとれたお弁当を作るために覚えておきたいのが「3・1・2弁当箱法」(NPO法人食生態学実践フォーラム提唱)。年齢、活動量に見合ったサイズのお弁当箱の半分に主食(ごはん、パン、麺類など)を詰め、残りのスペースの3分の1に主菜(肉、魚などのたんぱく質)3分の2に副菜(野菜、海藻類など)を入れる方法です。これなら栄養のバランスのとれた1食を簡単に作ることができます。

子ども(幼児期)のお弁当作り

「お弁当を全部食べた」という達成感を子どもに与えるのが大切です。子どもが食べきれる量が入る大きさのお弁当箱を選びましょう。フタを開けるときに、中身をこぼしてしまうことのないように、開閉しやすいお弁当箱が理想的です。箸箱も、箸とスプーン・フォークがセットになっているものを持たせると安心です。

集団生活では限られた時間で食べきれるよう、食べやすくする工夫も必要です。一口サイズのおかずやおにぎりなら、取り出しやすく食べやすいでしょう。

子どもは彩りや形がきれいだと喜び、食欲も増します。お子さんがお弁当箱を開けたときの喜ぶ顔を想像して作ることが一番！

詰め方のコツ

①彩りを考える

赤、緑、黄、黒、白系の食材を使ったおかずを彩りよく詰めると、見た目も美しく、栄養のバランスもよくなります。

②食材の切り方を工夫する

抜き型、飾り切りなど見た目や食感に変化をつけましょう。

③すき間をつくらない

料理が動かないように、しっかりと詰めます。プチトマト、チーズ、アスパラガスなど、すき間に詰めやすい手軽なおかずを活用します。

赤色の食材
にんじん
赤パプリカ
プチトマト、エビ
サケなど

緑色の食材
ほうれん草
アスパラガス
ブロッコリー
など

黄色の食材
かぼちゃ
さつま芋
とうもろこし
卵など

黒色の食材
ひじき、海苔
わかめ、黒ごま
など

白系の食材
れんこん、かぶ
じゃが芋
カリフラワー
など

冷めてもおいしいお弁当は

①調理方法を変える

食材によって焼く、炒める、蒸す、煮る、揚げる、ゆでるなど調理方法を変えて、食感に変化をつけるようにします。

②味に変化をつける

甘味、酸味、辛味、塩味など変化をつけます。

③汁気の出るおかずに注意

野菜の和え物など汁気が出やすいおかずは、焼き海苔、カツオ節、とろろ昆布などの乾物をまぶして汁気を吸わせます。炒め物はかたくり粉で汁気をとじて、汁もれを防ぐようにします。

④常備菜の活用(時間短縮)

毎日のお弁当作りが負担にならないように、ひじきの煮物、きんぴらごぼう、ピクルスなどの常備菜を活用しましょう。

⑤冷めると固まる脂に注意

お肉の脂は冷めると食感や味が悪くなります。脂の少ない部位を選び、かたくり粉でとろみをつけたり、卵でとじたりすると脂が気にならなくなります。寒い時期にバターを使うと固まることがあるので、植物性油脂を使うなどの工夫を。

お弁当の安心安全

お弁当は作ってから食べるまでに時間をおくので、特に暑い時期には配慮が必要です。

衛生的にお弁当を作るには細菌を「付けない」「増やさない」「減らす」ことが大切です。

①調理の前に石鹸で手をよく洗う習慣を。特に手に傷があるときは、ポリ手袋を使いましょう。

②冷ましてから詰めるようにします。粗熱をとらないまま、詰めてフタをすると、冷めて水滴が付き、お弁当が傷む原因に。

③中までよく加熱。しっかり煮詰めたり、両面をこんがりと焼いて仕上げます。前日のおかずを再利用するときは、必ず再加熱します。

④水分が多いと細菌が繁殖しやすいので、水分の少ない食材を選ぶか、水分をよくきってから詰めましょう。

⑤梅干、わさび、しょうが、酢など殺菌・抗菌効果のある食材を上手に利用しましょう。

⑥少し濃いめの味付けにすると、菌の繁殖を防ぐとともに、冷めても美味しく感じられます。

⑦おかずごとにカップやボックスで分けて詰めます。

⑧生野菜や果物は細菌が繁殖しやすいので、水気をよくふき取り、別容器に入れるのがベター。

⑨お弁当箱は、使った後はしっかり洗浄・乾燥しましょう。

⑩お弁当は、食べるまで涼しい場所に置いておきます。夏場は保冷剤を使用するとよいでしょう。

第6章

ぜったい免疫力アップ

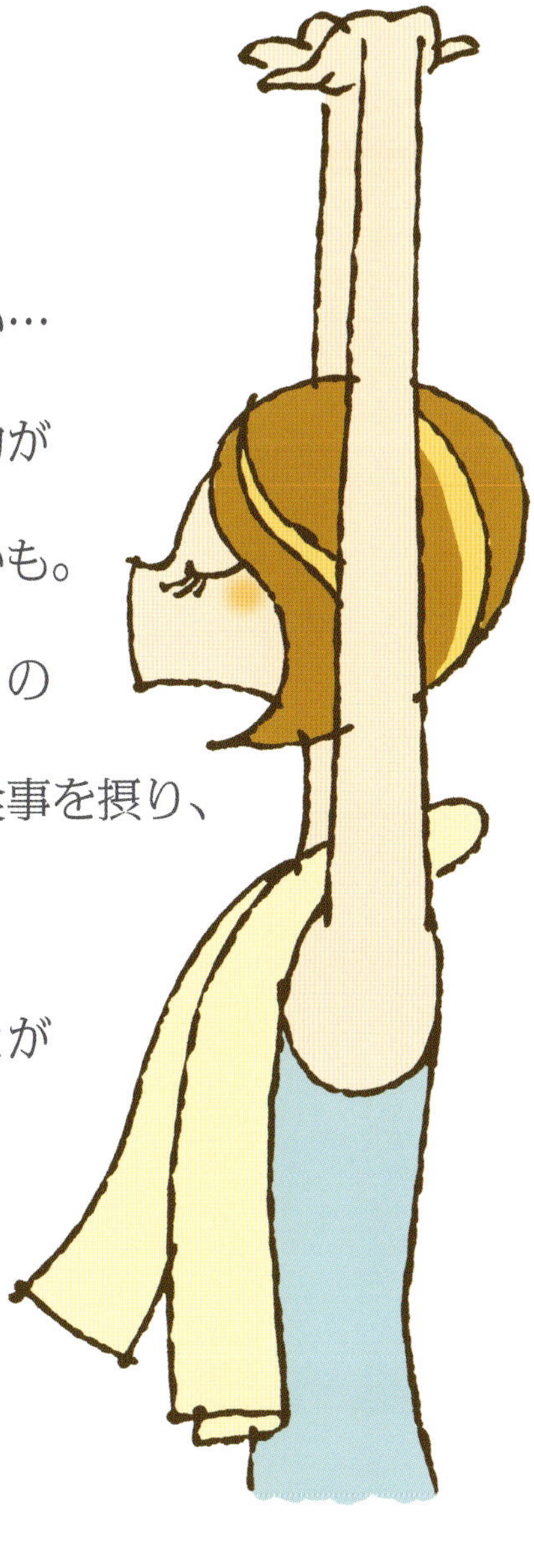

疲れが取れない、

風邪をひきやすい…

そんな時は免疫力が

低下しているのかも。

旬の野菜たっぷりの

バランスのよい食事を摂り、

リラックスして

笑顔で過ごすことが

一番です。

病気にかかりにくい体を作るために

風邪が大流行の時期、同じように過ごしていても風邪をひく人、ひかない人がいますね。何が違うのでしょう？

最近よく「免疫力」という言葉を耳にしますが、私たちの身体はウイルスや細菌が体内に入っても、すぐには病気にならないよう白血球をはじめとする免疫細胞たちが守ってくれています。

現代は日本人の男性の2人に1人、女性の3人に1人が「ガン」で亡くなるという時代になりましたが、免疫力が弱まると「ガン」にかかりやすくなることもわかってきました。

免疫力の約60％は、腸で作られています。免疫力を十分に発揮するには腸内細菌のバランスを整え、健康な腸を保つことが大切です。また、「栄養バランスのよい食事」「規則正しい生活（睡眠）」「適度な運動」「ストレス対策（笑顔）」が免疫力を大きく左右します。

大豆、しょうが、キャベツ、にんじん…ガン予防に！

食事で大切なのは、野菜や果物をたっぷり摂るように意識すること。野菜や果物に含まれる色や香り、苦味などの成分がガンをはじめ、多くの生活習慣病の予防に効果があることがわかってきました。それがファイトケミカル（免疫活性成分・抗酸化成分）といわれる成分です。

次の図は一九九〇（平成二）年からアメリカ国立ガン研究所が指定したガン予防効果のある植物性食品（ファイトケミカル食品）をピラミッド図にしたものです。最も効果のある8種の食材はにんにく、大豆、しょうが、キャベツ、にんじん、セロリと日本でもよく使われる食材があがっています。これらを献立に加えましょう。

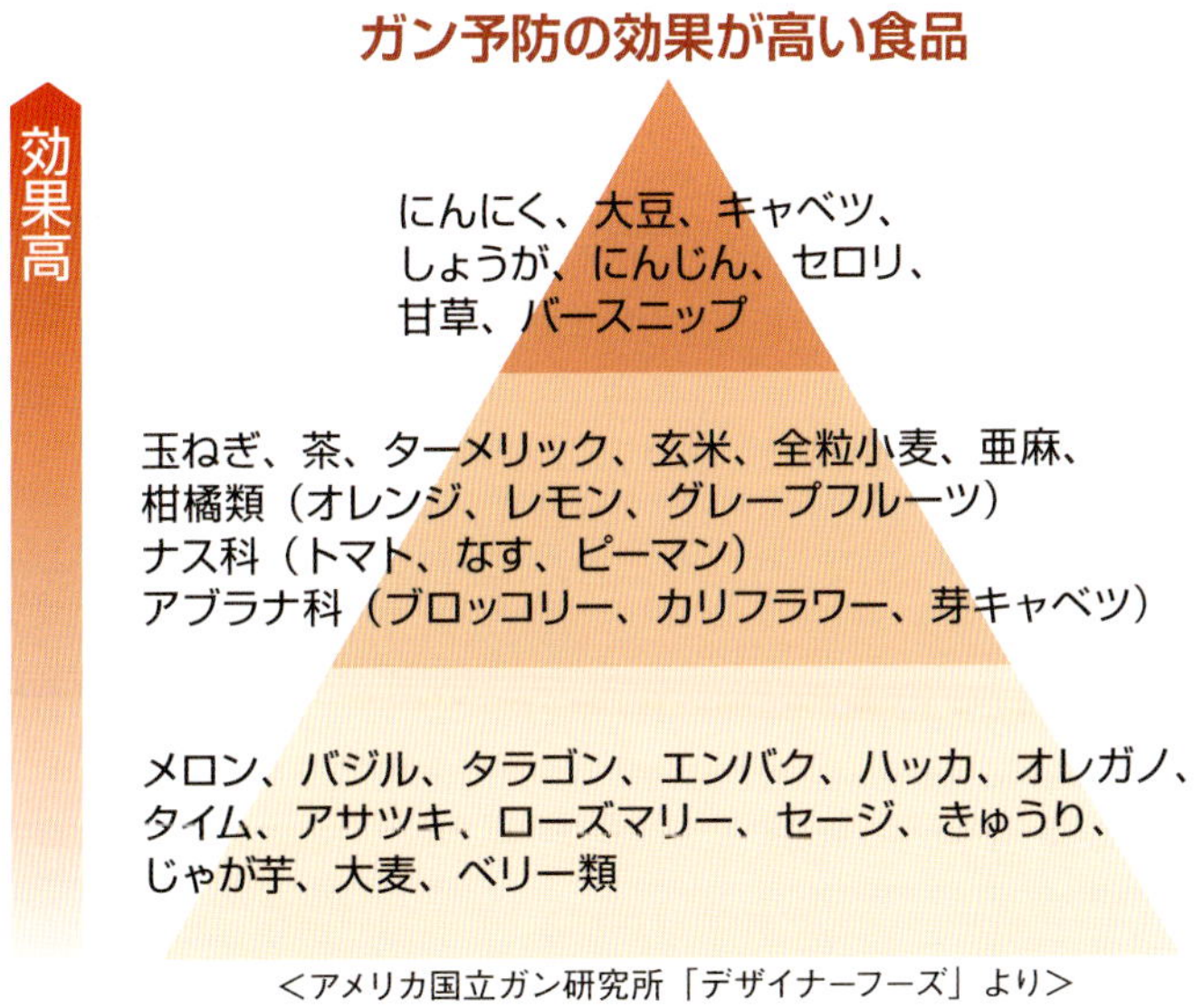

＜アメリカ国立ガン研究所「デザイナーフーズ」より＞

免疫力を下げる生活習慣は？

栄養不足／生活リズムの乱れ／過労
過激なダイエット／ストレス／運動不足またはしすぎ
タバコ／紫外線／大気汚染

かぼちゃ、にんじん、ほうれん草などの緑黄色野菜に加えて、キャベツや玉ねぎなどの淡色野菜を合わせ、大人では1日に350gを目安に摂りたいものです。また、きのこや海藻に含まれる食物繊維やヨーグルト・納豆などの発酵食品は腸の細菌バランスを整えて免疫力をアップしてくれます。

適度な運動や入浴で体温を上げる

体温が下がると免疫力が低下し、病気を発症しやすくなります。免疫細胞は、37℃前後のやや高めの体温で免疫活性が高くなり、体温が1℃下がると免疫力は30％低下するといわれています。

適度な運動を習慣にして、体を温める食生活で血流をよくしていきましょう。お風呂もシャワーだけという人が増えているようですが、ゆっくりと湯船に10分つかれば体温が1℃上がります。また質のよい睡眠も大切で、規則正しい生活（睡眠）は自律神経のバランスを整えます。ストレスも免疫機能を低下させるので、上手にストレスを解消してリラックス！

そう、笑顔（笑うこと）は免疫力をアップしてくれます。

しょうが鍋

美肌　快腸　免疫力アップ　カロリーダウン

たっぷりのしょうがと骨付き鶏のスープで体を芯から温めましょう

●材料（4人分）
鶏もも肉（骨付きぶつ切り）…400ｇ
しょうが（すりおろし、せん切り）…各20ｇ
酒…大さじ2　水…８カップ
塩…小さじ1　ごま油…大さじ1

○具材
ごぼう、水菜、キャベツ、にんじん
…各100ｇ
しめじ、にら…各1袋
コンニャク…1/2袋
厚揚げ…20ｇ×8個

●作り方
①鶏肉にすりおろししょうがと塩をすりこみ約10分おき、水気をふき取る。
②鍋にごま油をひき、強火で①の表面に焼き色を付けた後、水、酒を加え沸騰させる。
③火を弱め、アクをしっかり取り除き、せん切りしょうがを加え、15～20分ほど煮る。
④塩、ごま油を加えてスープの味をととのえる。
⑤④を土鍋に移し、具材を入れる。
※しょうがのすりおろしは皮つきで。せん切りは薄く皮を除くと口当たりがよい。具材は冷蔵庫の常備野菜で可。途中でスープが薄くなったら、鶏ガラスープの素（小さじ1程度）を入れてもよい。
（1人分：エネルギー230㎉　たんぱく質16.3g　脂質12.9g　食物繊維5.2g　食塩2.2g）

スープを上手にとるには、多めの水で火にかけ鶏肉のアクをしっかりと取り除くこと。
臭みのないやさしい味に仕上がります。

しょうがで体を温めよう

しょうがの主な辛味成分はジンゲロール、ショウガオール、ジンゲロンなど。ジンゲロールは、生のしょうがに多く含まれ、殺菌作用があります。成分は皮の境目に多く含まれているため、皮つきのまま使うのがおすすめです。

しょうががエネルギー消費量を高めるという研究は数多くあり、しょうが20g相当の摂取で、1時間後にはエネルギー消費量が約10％上昇し、3時間ほど持続するというデータがあります。

大切なのはショウガオールとして摂取すること。しょうがを温めるとジンゲロールの一部が、ショウガオールへと変化します。温めたしょうがを摂取することがポイントです。

摂取量としては1日10g程度が目安です（親指第一関節ほどの大きさ）。胃腸の弱い人は、しょうがの刺激で胃酸が出過ぎる場合もあるので要注意。

冷えから寝つきが悪いときなど、紅茶にすりおろししょうがと少量のはちみつを加えて飲むと、体が温まり睡眠の質が高まるといわれています。

骨美人 免疫力アップ

ジンジャーグラタン

いろいろなお芋の甘みを生かしたしょうがが料理です

●材料（ココット6個分）
さつま芋…200g
長芋…150g
里芋…100g
ピザ用チーズ…60g
※芋類は何でも可

○しょうがソース
　しょうが（すりおろし）…大さじ1
　生クリーム…200㎖
　牛乳…350㎖
　はちみつ…小さじ1

●作り方

①さつま芋と長芋は皮付きのまま5㎜幅の半月切り、里芋は皮をむき5㎜幅にスライスし、水にさらしておく。

②水気をきった①、しょうがソースの材料を鍋に入れて煮る。芋類が柔らかくなれば、ココットなどの耐熱容器に分け入れる。

③ピザ用チーズをのせ、オーブントースターで焦げ目が付く程度に焼く。

（1人分：エネルギー296㎉　たんぱく質6.3g　脂質20.5g　食物繊維1.5g　カルシウム175㎎　食塩0.3g）

豆《トウ》腐《フ》花《ファ》

しょうがたっぷりのさわやかなデザート

骨美人 免疫力アップ カロリーダウン

●材料（4人分）

牛乳…650㎖
粉寒天…3g
水…200㎖
しょうが…70g
砂糖…55g
バニラエッセンス…少々
クコの実…大さじ1
砂糖…小さじ2

●作り方

①しょうがは皮付きのまますりおろして50㎖のしょうが汁を取り、2（A）：1（B）に分ける。

②鍋に水200㎖と寒天を入れ、30分浸してから弱火で寒天を溶かし、砂糖55gを加えて加熱する。

③牛乳にしょうが汁Aとバニラエッセンスを加える。

④大碗に②を入れ、③を一気に入れ、氷水で冷やす。

⑤器にすくい取り、（しょうが汁B＋砂糖小さじ2）をかける。熱湯で洗っておいたクコの実を飾る。

（1人分：エネルギー100㎉　たんぱく質4.8g　脂質1.3g　カルシウム163㎎）

豚肉の塩麹漬け

ご飯にのせて丼にしたり
アレンジの幅が広がるメニュー

免疫力アップ

●材料（4人分）
豚肩ロース肉（ブロック）
…400ｇ
にんにく…1片
塩麹…40ｇ（豚肉の10％）
こしょう…適量

○添え野菜
リーフレタス…100ｇ
はつか大根…80ｇ
かいわれ…40ｇ
白髪ねぎ…40ｇ

●作り方
①肉表面の水分をふき取る。肉全体にフォークで穴をあける。全面に塩麹をぬり、薄切りにしたにんにくを貼り付け、こしょうをふる。ラップで空気を抜きながらしっかりと包み、冷蔵庫で２日間漬け込む。
②ラップを外して約３㎜厚に切る。麹を付けたままフッ素加工のフライパンに入れ、弱火で中まで火を通してから、中火で焼き色を付けてでき上がり（焦げやすいので注意）。
（1人分：エネルギー268㎉　たんぱく質17.4g　脂質19.2g　食物繊維1.1g　食塩1.1g）

鶏肉の塩麹炒め

塩麹のうま味で根菜をたっぷりと

快腸　免疫力アップ　カロリーダウン

●材料（4人分）

○冷凍野菜
- にんじん…50g
- ごぼう…80g
- さやいんげん…20g

鶏もも肉（皮つき）…250g
塩麹…大さじ1
しょうが（みじん切り）…小さじ1
ごま油…大さじ1/2
酒…大さじ1
黒ごま、削り節、青ねぎ…各適量

●作り方

①鶏もも肉に塩麹をすり込み、ポリ袋に入れて冷蔵庫で一晩おく。
②①の水気をふいて一口大に切る。
③フライパンにごま油を熱し②としょうがを炒める。冷凍野菜は酒を加えて炒める。
④器に盛り付け、黒ごま、削り節、青ねぎを散らす。

（1人分：
エネルギー188kcal
たんぱく質11.7g
脂質12.0g
食物繊維1.0g
食塩0.6g）

冷凍野菜の作り方

野菜は薄くスライスし、さっとゆでて容器に平らにして冷凍保存しておくと便利に使えます。

麹《こうじ》の豆知識

麹菌は、しょうゆ、みそ、みりんなどを作り出すカビ（菌）の一種です。殺菌力もあるので、麹漬けにすると保存性が増します。麹が食材を発酵させる過程でたんぱく質や糖を細かく分解して、低分子のうま味成分を作りながら食材を柔らかくして、消化を良くしてくれます。また、麹は腸内環境を整え、善玉菌を増やして免疫力のアップやアレルギーの予防・改善、便秘の改善にも役立ちます。

塩麹の作り方

①麹を細かくもみほぐし、塩を加えて均等に混ぜる。水を加えてゴムべらでよくかき混ぜ、塩を完全に溶かす。

②清潔な保存容器に移し、フタをして室温で夏期は1週間、冬期は10～14日程度ねかす（1日1回程度混ぜる）と使用できる。その後は冷蔵庫で保存する。

材料

	乾燥麹	生麹
麹	200g	200g
塩	60g	60g
水	250ml	200ml

※水は一度沸騰させた湯冷ましを使用する

＊熱湯消毒した保存容器を使用すれば、冷蔵庫で半年以上保存可能。

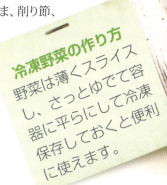

まめまめコロッケ

手軽なゆで大豆でひと味違うコロッケを

美肌　快腸　免疫力アップ

●材料（2人分）
ゆで大豆…カップ1
ねぎ…1/2本
にんじん…1/2本
ごま油…大さじ1
ちりめんじゃこ…大さじ3
塩…小さじ1/3
こしょう…少々
小麦粉…大さじ1
だし…大さじ4
小麦粉・パン粉…適量
溶き卵…1/3個
油…適量

○添え野菜
サラダ菜…40g
ブロッコリー…40g
パプリカ（赤）…20g

●作り方
①ゆで大豆はめん棒などで半つぶしにする（厚手のポリ袋に入れてつぶすのもよい）。
②ねぎとにんじんはみじん切りにする。
③フライパンにごま油を入れ、ねぎとにんじんを柔らかくなるまで炒め、ちりめんじゃこを入れてさらに炒める。塩、こしょうで味を付け、小麦粉大さじ1を加え弱火で粉っぽさがなくなるまで炒める。だしを加えてのばし①の大豆を入れて混ぜる。
④楕円形にまるめて、小麦粉・溶き卵・パン粉の順にまぶして油で揚げる。
（1人分：エネルギー328㎉　たんぱく質16.0ｇ　脂質19.3g　食物繊維7.4g　食塩1.5g）

さつま芋と大豆の甘からめ

美肌　快腸　免疫力アップ

懐かしい味わいのひと皿

●材料（2人分）
さつま芋…1/2本
ゆで大豆…カップ1/2
かたくり粉…適量
揚げ油…適量

○A
水…カップ1/4
砂糖…大さじ1
薄口しょうゆ…小さじ2

○B
かたくり粉…小さじ1/4
水…大さじ1/2

●作り方
①さつま芋は皮をむき、食べやすい大きさに切る。
②①とゆで大豆に、それぞれかたくり粉をまぶして油で揚げる。
③Aをフライパンに入れて煮詰める。
④Bの水溶きかたくり粉を③に入れてとろみをつける。
⑤④に揚げたさつま芋と大豆を入れて絡める。
（1人分：エネルギー244㎉
たんぱく質5.2g　脂質9.4g
食物繊維3.6g　食塩1.0g）

焼きホタテと春菊の一人鍋

ホタテはフライパンでこんがりと焼くとおいしさアップ

美肌　快腸　免疫力アップ　カロリーダウン

●材料（2人分）
水煮ホタテ（ひも付き）
…・200g（中サイズ4個）
豆腐…100g
春菊…100g
白菜…150g
だし…1・1/2カップ
酒…大さじ2
みりん…大さじ2
薄口しょうゆ…大さじ1
（ホタテの塩加減で調整）
ゆずの皮…適宜

●作り方
①ホタテをさっと水洗いし、フライパン（油はひかない）で両面に焼き色が付く程度に焼き、だしを入れる。
②春菊は軸を残して柔らかい部分を3～4㎝長に切る。白菜は1㎝幅、豆腐は2㎝厚に切る。
③一人鍋に①のだしを入れ、酒、みりん、薄口しょうゆを加えてひと煮立ちさせ、ホタテ、白菜、豆腐を加えて煮る。白菜に火が通ったら春菊を加えひと煮立ちさせる。ゆずの皮をのせる。
（1人分：エネルギー 231㎉　たんぱく質 24.3g　脂質 3.2g　食物繊維 2.7g　食塩 2.3g）

かぶのみかん酢和え

ビタミンCたっぷりの和え物です

免疫力アップ　カロリーダウン

●材料（2人分）
かぶ…100g
塩…小さじ1/3
みかん…1個

酢…大さじ1/2
砂糖…大さじ1/2

●作り方
①かぶは皮をむき、薄めの半月切りまたはいちょう切りにし、塩をかけひと混ぜし10分以上おく。
②みかん半分の薄皮をむく。半分は皮つきのまま横に切り込みを入れ、手で絞る。
③薄皮をむいたみかんと絞り汁を合わせ、酢と砂糖を加える。
④①を絞って水気をきり③を和える。
（1人分：エネルギー 37㎉　たんぱく質 0.5g　脂質 0.1g　食物繊維 1.2g　食塩 0.5g）

ビタミンで風邪予防

風邪をひかないためには「手洗い、うがい」が効果的です。でも、体が弱っていると少しの風邪の菌やウイルスにも負けてしまいます。体の免疫力を高めておくために、いろいろなビタミンをまんべんなく摂取することを心がけましょう。

おすすめのビタミンは3種類。ビタミンAは、外部との接触面である鼻やのどなどの粘膜を元気に保ち、菌やウイルスの侵入を防ぎます。ビタミンCは菌やウイルスの増殖の抑制に関与し、ビタミンB群は、体内の代謝を円滑にし、疲労回復などに役立ちます。

ビタミンAはレバーやβ-カロテンを含む緑黄色野菜、ビタミンB群は内臓まで丸ごと食べられる魚介類など、ビタミンCは新鮮な野菜・果物に豊富に含まれます（22ページ参照）。

ウナギの上用《じょうよう》蒸し

食べやすく栄養価の高い料理です

免疫力アップ　カロリーダウン

●材料（２人分）
長芋…250ｇ
塩…少々
ウナギの蒲焼き…50ｇ
だし…カップ1/2
薄口しょうゆ…小さじ1/3
みりん…小さじ1/2
かたくり粉…小さじ1/3
梅肉…3g

●作り方
①長芋はすりおろして水を大さじ２（分量外／だしでもよい）と塩少々を加えよく混ぜる。
②ウナギの蒲焼きを1.5㎝幅に切り、蒸し茶碗に入れる。①をかけて５～６分蒸す（ラップをかけて電子レンジに２分間かけてもよい）。
③だしに薄口しょうゆ、みりん、塩を加えて煮立て、水溶きかたくり粉でとろみをつけ、加熱してあんを作る。
④②に梅肉をのせ、③をかける。
＊芋だけ蒸してもよい。

（1人分：エネルギー166㎉　たんぱく質8.6ｇ　脂質4.6g　食物繊維1.3g　食塩0.9g）

五目酢とろろ

長芋はすりおろして100gくらいずつラップに包み、冷凍保存しておくと便利です。

免疫力アップ　カロリーダウン

●材料（２人分）
長芋…120ｇ
だし…小さじ２
薄口しょうゆ…小さじ1/2
塩…適量
酢…小さじ２

きゅうり、にんじん、
きくらげ（水で戻す）、
錦糸卵…せん切りにして各10～15ｇ

●作り方
①きくらげはさっとゆでてせん切りにし、水気をきっておく。
②すりおろした長芋にだし、薄口しょうゆ、塩、酢を加えてよく混ぜ、①とせん切りにしたきゅうり、錦糸卵を加え混ぜる。

（１人分：エネルギー 62 ㎉　たんぱく質 2.5g　脂質 1.0g　食物繊維 3.0g　食塩 0.4g）

●材料（2人分）

長芋…約50g	薄口しょうゆ…小さじ1
卵…2個	酒…小さじ1
菜の花…1/3束	サラダ油…少々

●作り方

①菜の花はゆでて固く絞り細かく切る。
②フライパンにサラダ油を少々ひき、①を軽く炒め、水分を飛ばす。
③長芋は皮をむいてすりおろし、卵と②、しょうゆと酒を加え、しっかり混ぜる。
④卵焼き器を十分に熱してサラダ油をなじませる。
⑤出し巻き卵の要領で焼く。

（1人分：エネルギー128㎉　たんぱく質8.1g　脂質6.9g
食物繊維1.3g　食塩0.7g）

美肌　免疫力アップ

長芋入り卵焼き

長芋のうま味を生かして、シンプルな塩味仕上げで

山芋の効用

里でとれる芋に対し、山でとれる芋を山芋といい、粘りの強い順に自然薯《じねんじょ》、大和芋《やまといも》（いちょう芋）、長芋となります。

山芋は漢方でも滋養強壮の生薬として利用されています。粘りの成分は、食物繊維の一種ムチンで、粘膜を丈夫にし、細胞を活性化し、新陳代謝を促進したり、免疫力を上げる効果があります。

また山芋は、でんぷん分解酵素アミラーゼを多く含んでいて、生の状態ででんぷん質が分解されているため、加熱せずに食べられます。すりおろしたり短冊に刻んだりすると、アミラーゼの作用が働き、消化・吸収がアップ。またビタミンB_1やビタミンCも多く含まれているので、生で食べると熱に弱いビタミンCを効率よく摂取できます。

大根とにらの貝柱スープ煮

ホタテ貝柱の缶詰を汁ごと使って

免疫力アップ　カロリーダウン

●材料（4人分）
大根…600g
にら…1束
ホタテ貝柱…大1缶
鶏がらスープ…500㎖
しょうゆ…大さじ2
ごま油…大さじ1
○A
　しょうが…1片、にんにく…2片
　ねぎ…1/2本、豆板醤…小さじ2/3
○かたくり粉…小さじ1
　水…小さじ2

●作り方
①しょうが、にんにく、ねぎはみじん切り。大根は皮をむき乱切りにする。にらは約3㎝長に切っておく。
②鍋にごま油を入れ、中火でAを炒め、香りが立ったら大根を入れて炒める。
③スープを加え、しょうゆは半分加える。フタをして、大根が柔らかくなるまで煮る。
④煮汁が半分くらいに煮詰まったら、にらとホタテ貝柱を汁ごと入れて混ぜ、残りのしょうゆを加えてひと煮立ちさせる。
⑤水溶きかたくり粉を全体に混ぜてとろみを付ける。
（1人分：エネルギー88㎉　たんぱく質5.9g　脂質2.4g
食物繊維3.2g　食塩1.8g）

新玉ねぎのレンジ蒸し

甘くてみずみずしい新玉ねぎを丸ごと

美肌　免疫力アップ　カロリーダウン

●材料（4人分）
新玉ねぎ…4個
ショルダーベーコン…100g
パプリカ（赤・黄）…各1/3個
きゅうり…1/2個
トマト…1個
にんにく…大1片
はちみつ…小さじ1
顆粒コンソメ…小さじ1/2
黒こしょう（粗びき）、塩…少々
オリーブオイル…大さじ1
バジルの葉…12枚
パルメザンチーズ…適量

●作り方
①玉ねぎの頭部に、6弁の花びらになるように下から1/4まで残して切り込みを入れ、耐熱皿に並べ、ラップをして電子レンジで約8分加熱し、器に盛り付ける。
②にんにくをみじん切り、ベーコン、トマト、パプリカ、きゅうりをあられ切りにする。
③にんにくとオリーブオイルを耐熱ボウルに入れ、レンジで約1分加熱。ベーコン、トマト、パプリカとはちみつ、コンソメ、①の加熱で出たスープを加えてレンジで約5分加熱。熱いうちにきゅうりを加え、黒こしょう、塩で味をととのえ、①のタマネギの周りに流し込み、バジルの葉を飾る。好みでパルメザンチーズをかける。
（1人分：エネルギー155㎉　たんぱく質6.6g　脂質6.3g
食物繊維4.6g　食塩0.7g）

柿とりんごのパンタルト

朝食やおやつにぴったり、熟れすぎた柿を使えばいっそう甘く

快腸　免疫力アップ

●材料
（16㎝×20㎝耐熱容器使用）
柿…大1/2個
りんご（酸味があるもの）…大1/2個
レーズン…大さじ1
三温糖…果物の重量の1割
食パン…75g（5枚切1枚）
スライスアーモンド…大さじ1

○A
牛乳…75ml
卵（L）…1個
三温糖…大さじ1

イタリアンパセリ…適量

●作り方
①Aの材料をボウルに混ぜ合わせ、細かくちぎった食パンを浸す。
②柿とりんごはそれぞれ皮をむき、1㎝角に切る。
③②を鍋に入れ、湯洗いしたレーズンと三温糖を加え、中火にかけて沸騰状態で時々かき混ぜながら5分炊く。
④耐熱容器内側全体にバター（分量外）を塗り、①を敷き詰めその上に③を流し、スライスアーモンドを散らす。
⑤電子レンジでラップをして7～8分加熱する。
⑥器に盛り付け、イタリアンパセリを添える。
（1人分：エネルギー127㎉　たんぱく質1.8ｇ
脂質2.3g　食物繊維1.3g　食塩0.2g）

果物で免疫力アップ

「柿が赤くなれば医者が青くなる」という言い伝えがありますね。冬を代表する果物のみかんや柿には、ビタミンCが豊富に含まれ、柿なら1個、みかんなら2個食べると、1日に必要なビタミンCが摂取できます。

また、果物にはサプリメントでは得られない成分もあります。香りや色、酸味などに含まれるのが第7の栄養素として注目されている「ファイトケミカル」。免疫力を向上させる働きがあるといわれ、現在研究が進んでいます。ワインのポリフェノールをはじめ、かんきつ類系のリモネン、りんごのフラボノールなどの抗酸化力が注目されています。

高齢者の食事

ミニ講座

元気で長生きは「食べること」から

日本は世界の中でもトップクラスの長寿国となりました。「食事」は健康で充実した生活を送るためには欠かせないものですが、とりわけ高齢者にとっては「食べること」はQOL（生活の質）に直結しています。

老化のメカニズムの解明はまだまだこれからですが、一部わかっているのは遺伝的な要因の他、体内での活性酸素作用で生じる有害な過酸化物質の蓄積が、老化を進行させるということです。呼吸で取り込んだ空気中の酸素の一部が酸化力の強い〝活性酸素〟に変わり、体を構成しているたんぱく質や脂質、DNAなどを酸化させて老化が促進され、ガンや動脈硬化などの生活習慣病を引き起こす要因と考えられています。

活性酸素の害を防ぐには、抗酸化物質を摂るのが有効といわれ、ビタミンE、C、β-カロテンが特に注目されており、にんにく、しょうが、ねぎ、にら、唐辛子などもファイトケミカルとしてよく知られています(P.70参照)。ただし、野菜や果物は多種類をいろいろ組み合わせて食べることが大切です。

また、豊かな日本にあって意外なことに高齢者の「低栄養」が増えてきています。「歳をとったら粗食でよい」と考えている人も多いようですが、右に示した15の食生活指針を守るように努力して、毎日をいきいきと過ごすことをめざしましょう。

噛む・飲み込むが困難な方の食事ポイント

歳をとることによって「噛む」「飲み込む」ための力が損なわれると食事量が減り、低栄養になりやすくなります。また、食道と気管はほとんど同じ場所にあるので、食べ物が誤って気管に入ることで、誤えん性肺炎が起こりやすくなります。

誤えんを防ぐ食事には、「口の中で噛みやすく、つぶしやすく、まとまりやすく、のど越しよく」をこころがけましょう。飲み込みに障害がある場合は、柔らかさや刻みの大きさ、とろみの付け具合などの配慮をしましょう。

＊とろみ：かたくり粉や市販のとろみ剤で汁ものやお茶などにとろみを付けることで誤えんを防ぐことができる。

低栄養を予防し老化を遅らせるための食生活指針

1	3食のバランスをよく摂り、欠食は絶対さける
2	油脂類の摂取が不足しないように注意する
3	動物性たんぱく質を十分に摂取する
4	肉と魚の摂取は1：1程度の割合にする
5	肉は、さまざまな種類を摂取し、偏らないようにする
6	牛乳は、毎日200ml以上飲むようにする
7	野菜は、緑黄色野菜、根菜類など豊富な種類を毎日食べる、火を通して十分摂取する
8	食欲がないときには、おかずを先に食べ、ご飯を残す
9	食材の調理法や保存法を習熟する
10	酢、香辛料、香味野菜を十分に取り入れる
11	調味料を上手に使い、おいしく食べる
12	和風、中華、洋風とさまざまな料理を取り入れる
13	会食の機会を豊富に作る
14	噛む力を維持するために、義歯は定期的に点検を受ける
15	健康情報を積極的に取り入れる

熊谷　修他：「食生活指針15カ条」
日本公衆衛生学雑誌　46（11）,1003-1011,1999.

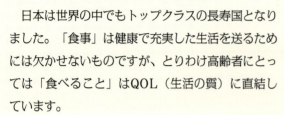

第7章

かんたんカロリーダウン

調理の工夫次第でカロリーは抑えられます。
おいしく食べながら、エネルギーカットに挑戦してみましょう。

カロリーコントロールで生活習慣病を予防

一般に30歳を過ぎる頃から基礎代謝が下がるため、太りやすくなります。
20歳代の時と比べて体重が10kg以上増えると、
心臓や脳の血管の疾患リスクが高くなるので要注意。
健康の維持や生活習慣病予防のために、体重を適正にコントロールすることが大切です。
肥満の原因は、ストレスや病気なども関係しますが、多くが過食と運動不足。
しかし、食事を減らすだけのダイエットは飢餓状態を作り出し、
抵抗力がなくなり、感染症、冷え性、疲労倦怠感、便秘、貧血などをはじめとする
健康障害を引き起こします。
まずは健康的な食生活を心がけましょう。

間違ったダイエットは体に悪い

「ダイエット＝減食」と考えて減食に取り組む人がいますが、その多くはリバウンドを起こしてしまいます。

厳しい減食は、はじめは体重が減少しますが、脂肪細胞より筋肉細胞が委縮してしまい、体内での消費エネルギーが少なくなり、減量しにくくなります。

このような生活を続けると、悪循環の中で少ないエネルギーでも生きられるように体が順応してしまい、効率よく栄養を吸収するので、普通に食べるだけでも急激に体重（内臓脂肪）が増加します。

無理に食事制限をしたり、ダイエットの失敗を繰り返すと、体脂肪の多い不健康な体になってしまう可能性があります。

できるだけ体を動かす習慣を

ダイエットをするなら、適切な食事と楽しい運動に取り組むことが大切です。

運動と食事の改善は、自分のライフスタイルの中で確実に継続して実行できるプログラムを見つけること。それがダイエット成功のポイントです。

たとえば、食事は野菜中心で、主食・主菜・副菜のそろった献立とし、運動はエスカレーターやエレベーターではなく階段を利用する（1段上ると0.1kcal消費）、ひと駅手前で降りて歩くなどを心がけます。また掃除、洗濯、子どもとの遊びなど、できるだけ大きな動作で体を使うとエネルギーの消費に有効です。

そして、自分の理想の体型をしっかりイメージし、理想に向かってゆっくりとリバウンドしないように減量することです。毎日、体を動かす習慣を身につけると、運動ができない日は体を動かしたくなります。こうなるとダイエットも成功！

「生活習慣病」ってなに？

食事、運動、休養、喫煙、飲酒などの長年の悪い生活習慣から発症する病気を生活習慣病といいます。

生活習慣病はかつて成人病と呼ばれ、病気の早期発見・早期治療の二次予防を目的とされていましたが、生活習慣病は生活習慣の改善を目指す健康増進、発病予防の一次予防を推進するために、新たに導入されました。

生活習慣病とは主にガン、脳血管疾患、心臓病などで、そのほかに2型糖尿病、肥満症、脂質異常症、高血圧症、高尿酸血症、慢性閉塞性肺疾患、骨粗しょう症、アルコール性肝障害、歯周病などがあり、近年、死因の約60％を占めています。

生活習慣病は年々増加傾向にあり、しかも若年化しています。生活習慣病の予防・改善には、食生活、運動、禁煙が重要な解決策であり、まずは、生活習慣病を引き起こす肥満の改善が大切だといわれています。

肥満の原因は、運動不足に加え、炭水化物の摂取量が減少し、逆に動物性食品や脂っこく甘い菓子や甘い飲料の消費量が増加、塩分の過剰摂取、野菜の不足にあります。いわゆる食生活の欧米化を改善し、昔ながらの和食の良さを見直すことが、生活習慣病予防の近道になるようです。

スペアリブのグリル焼き

魚を焼くグリルを活用して
肉の脂を落とします

美肌　カロリーダウン

Point

グリル網から余分な脂が自然と落ちるので、
外はパリッと中はジューシーさを残しつつ、
さっぱりとした仕上がりに。
スペアリブの肉から20〜25%の
脂をカット。

●材料（4人分）
スペアリブ…400ｇ
○漬けダレ
　しょうゆ…大さじ1・1/2
　はちみつ…大さじ1
　カレー粉…小さじ1/2

○添え野菜
　グリーンアスパラガス…2～3本
　パプリカ（赤）…1/2個
　新じゃが芋…200ｇ

グリルで焼くと400g弱の肉から100g近い脂が落とせます。
（写真はグリルに落ちた脂を冷蔵庫で固めたもの）

●作り方
①スペアリブは漬けダレに漬け込み、15分以上おく。
②グリーンアスパラガスは根元の固い部分は取り除き、5～6㎝長にカット。パプリカは種を除き、食べやすい大きさに切る。新じゃが芋は皮つきのままくし形に切る。
③グリルに①②を並べて、強火で焼く。
※片面焼きグリル…スペアリブは10～12分で裏返し、さらに8～10分（脂が多い部分は焦げやすいので途中で確認）。野菜類も裏返しながら、火が通れば随時取り出す。じゃが芋はあらかじめ電子レンジで火を通しておき、グリルでは焦げ目が付く程度に焼くと早くできる。
※両面焼きグリル…焼き時間は13～15分。野菜類は途中で取り出す（アルミホイルに包んで蒸し焼きにすると、より野菜の甘みが感じられる）。
（1人分：エネルギー326㎉　たんぱく質11.5ｇ　脂質24.3ｇ　食塩0.9ｇ）

おすすめ！♡グリル料理

日頃、グリルはどんな時に使いますか？「もっぱら魚を焼くだけ」とか、「手入れが面倒だから」と使わない人が多いと聞きます。グリルの特性を知れば、エネルギー調整のための料理の幅が広がります。

グリルは350～400℃の高温に2～4分ほどで上昇するので、予熱の必要がなく庫内は空気全体で調理している状態です。

グリル網から余分な脂が自然と落ちていき、表面は高温で加熱されるので、うま味を閉じ込めジューシーさを残しつつ、さっぱりした仕上がりになります。スペアリブの肉から20～25％の脂をカットします。

エネルギーカットの調理をするために最も簡単なのは、脂身が多い肉の使用をひかえることですが、「ひかえる・やめる」だけの食事制限は食べる楽しみも半減します。調理器具の特性を知り、上手に活用して食生活を豊かにしましょう。

グリルで揚げ物そっくりに！

揚げ物大好き、でもカロリーが心配…
そんな時に覚えておきたい調理法

コロッケ
揚げ種にかたくり粉、溶き卵、煎ったパン粉を順に付けてグリルで焼く
（100gにつき－160㎉）

タラのから揚げ
から揚げの溶き衣を付けた後、ごま油小さじ1弱を均等にまぶしグリルで焼く
（100gにつき－46㎉）

春巻き
小さじ1/2の油を塗りグリルで焼く
（70gにつき－66㎉）

揚げ物にひと工夫でカロリーダウン！

①揚げ種表面の水分をよくふき取り、揚げ衣を薄くする（水分量に比例し小麦粉が付着し、吸油量が増大）。

②表面積を少なくする。

③フライパンで少量の油で焼く。
または、表面に油を塗りグリルで焼く。

④揚げ方によっても吸油率が異なり、カロリーが変わる。

揚げ物の吸油率

素揚げ	3～8%
から揚げ	6～9%
フライ	10～20%
天ぷら	15～20%
フリッター	25%

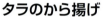

ちょっとした工夫でおいしくカロリーダウン

◎調理法を変える

同じ食材を調理する場合でも、蒸す・焼く・煮る・炒める・揚げるなど調理方法によって、カロリーが異なります。例えば、鶏もも肉80gを調理する場合、蒸し鶏約110kcal、チキンソテー（焼く）約180kcal、チキンカツ（揚げる）約300kcalになります。

蒸す調理は、食材の余分な脂肪分を落とし、カロリーを減らすことができます。また野菜を一緒に蒸すことで、

①野菜がたくさん摂取できる
②食材の持ち味が生きる
③調理時間が短縮できる

などの特長があります。

焼く場合はグリルを使って脂を落とすようにし、炒めものはフッ素加工のフライパンを使い、油の量を減らしましょう。

◎下ごしらえも大切

また、火の通りをよくするために材料の切り方をそろえたり、にんじんなどの固い野菜は炒める前に下ゆでしておきます。

煮物などは、浮き上がってきた脂をアクと一緒に取り除くと、カロリーダウンになります。

肉の種類と部位によるカロリーの違い

肉の部位によってカロリーがかなり異なるので、どの部位が脂肪分が少ないか覚えておくとよいでしょう。

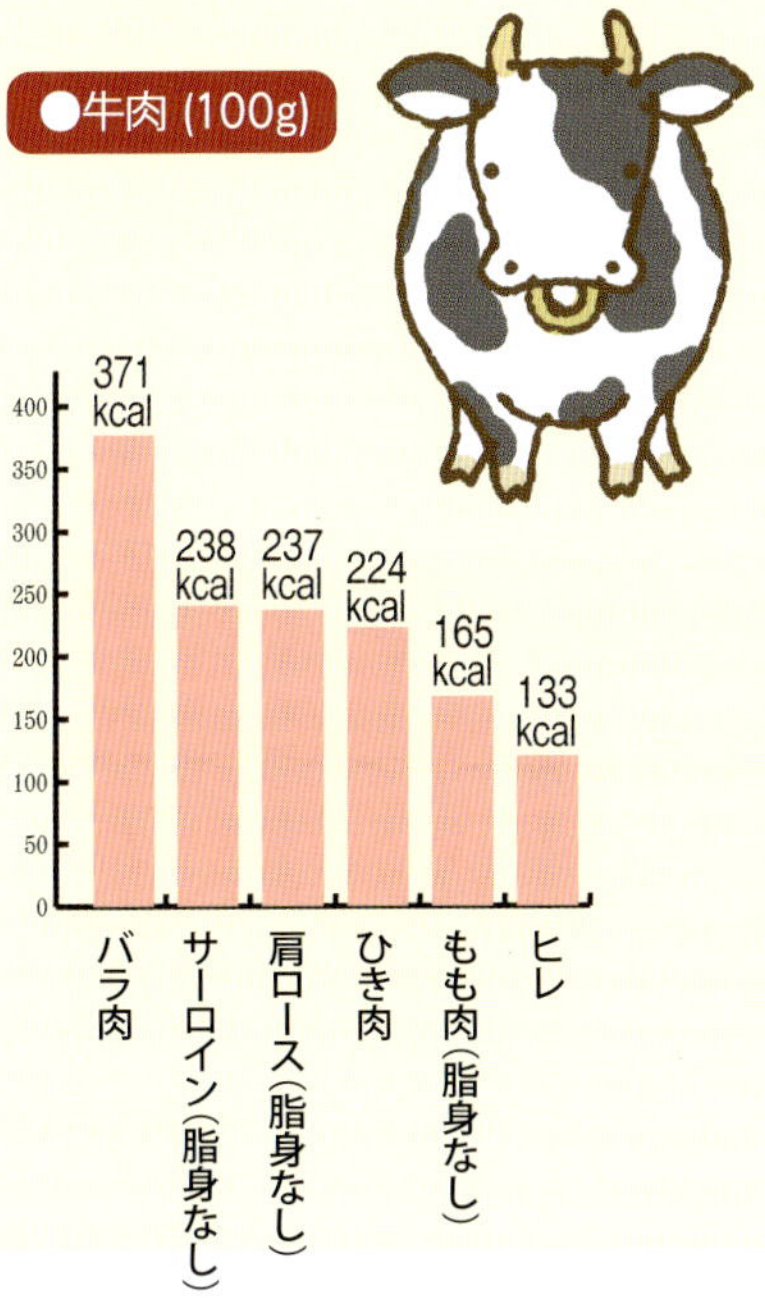

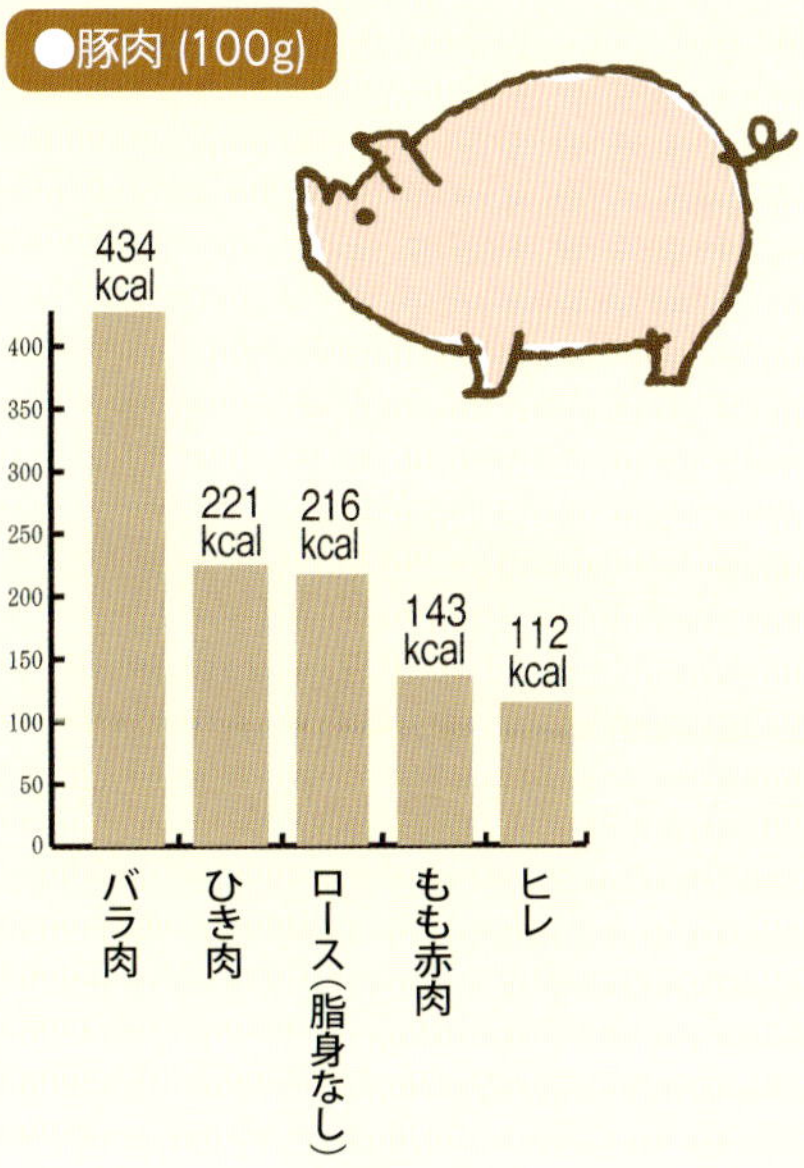

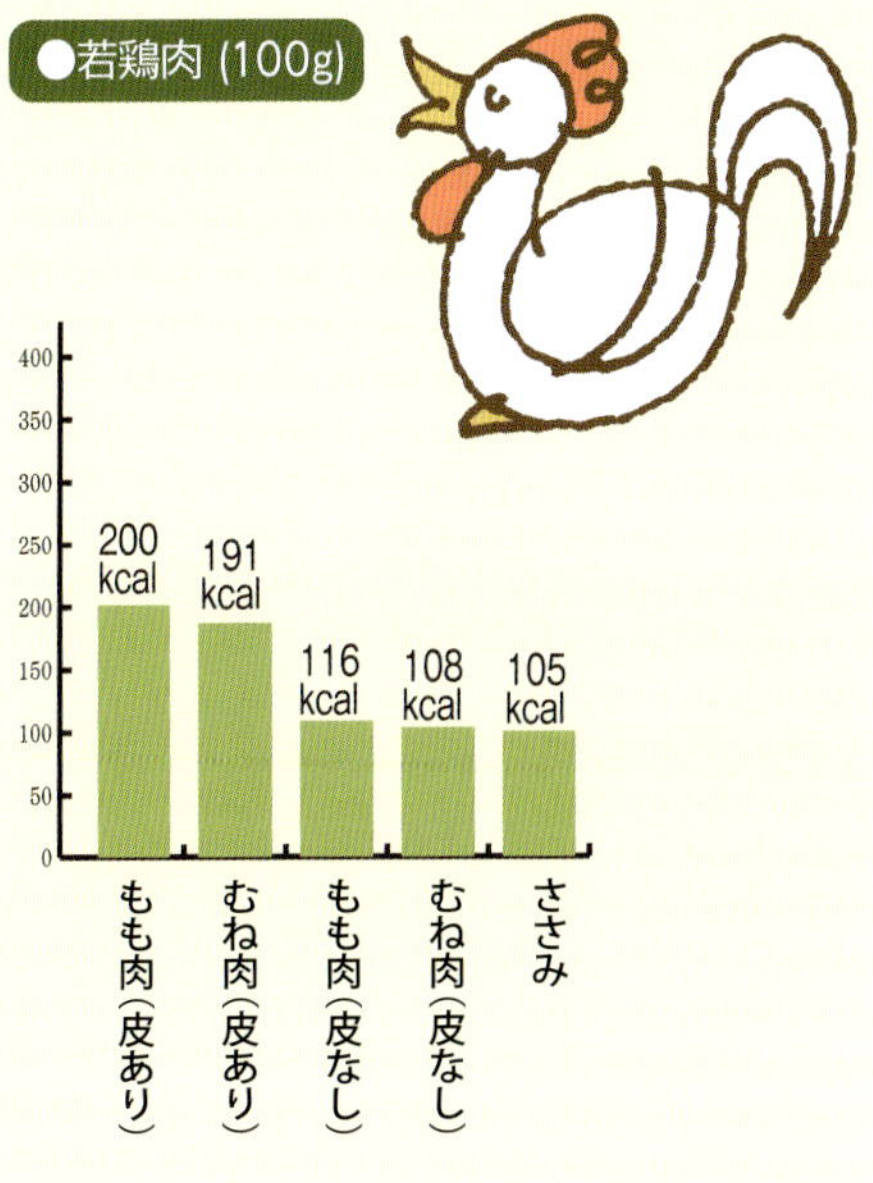

本格チャーハン

パラリとおいしくできあがります

カロリーダウン

電子レンジで作る！

●材料（4人分）

卵…２個

○A
- ごま油…小さじ２
- 塩…ひとつまみ
- こしょう…少々

冷飯…640g
焼き豚…120g
白ねぎ…12㎝
しいたけ…２枚
にんじん…1/3本
しょうが…1/2片

○B
- しょうゆ…大さじ1
- 酒…大さじ1
- みりん…大さじ1
- 顆粒鶏ガラスープ…小さじ1

紅しょうが…適量

●作り方

①耐熱ボールに卵とAを入れ、よく混ぜてからご飯（※あらかじめ電子レンジでほぐれる程度に温める）を入れ、さらによく混ぜる。

②割り箸２本を置いた上に①を置き、ラップをかけずに電子レンジで２分加熱する。しゃもじで混ぜほぐし、同じ条件でもう一度加熱する。

③別の耐熱容器に、みじん切りにした具とBを入れて混ぜ、②と同様に電子レンジで4分加熱して混ぜ、さらに1分加熱して水分を飛ばす。②を加えてご飯をほぐしながら混ぜ、塩、こしょうで味をととのえる。大皿に盛り、紅しょうがを飾る。

（１人分：エネルギー400㎉　たんぱく質15.2g　脂質6.3g　食塩1.7g）

電子レンジの使い方

電子レンジ加熱は、油を使用しなくても焦げつかずに調理ができ、また短時間で加熱できるのも利点です。

肉や魚などを焼くときには、油を使ってフライパンで焼くよりも電子レンジの方がカロリーを抑えることができます。

フライパンで焼くと表面だけ焦げて、中まで火が通りにくいですが、電子レンジで調理すると、短時間で中まで加熱され、味も浸透します。特に肉や魚のみそ漬けなどを焼くときは、表面に色が付きやすくなります。割ばし2本を置いた上に、材料を入れた耐熱皿を置いて加熱すると、耐熱皿の底からもマイクロ波による加熱ができ、均等で効率のよい加熱ができます。

簡単チャーシュー

油を使わないのでカロリーダウンに最適

美肌　カロリーダウン

●材料（6人分）
豚もも肉（ブロック）…300g
塩・こしょう…適量

○タレ
しょうゆ…大さじ2
はちみつ…大さじ1・1/2
酒…大さじ1
酢…小さじ1
五香粉…適量

キャベツ…250g
白ねぎ…8cm

※五香粉はウイキョウ、陳皮、桂皮、丁子、花椒を合わせた香辛料。

●作り方
①豚肉に塩・こしょうをしてもみ込み、タコ糸で整形。耐熱ボウルにタレの材料を入れ、肉に絡め30分おく。少しすき間を開けてラップをし、電子レンジで約8分加熱。タコ糸を外し裏返して約3分加熱。タレに漬けたまま人肌に冷まして薄切り。
②キャベツは短冊切りにし、①の残り汁を絡ませ電子レンジで2分加熱。白ねぎは白髪ねぎに切って、水にさらす。
③キャベツ、チャーシューを盛り付け、白髪ねぎを飾る。好みで、豆板醤や練り辛子を添える。
（1人分：エネルギー137kcal　たんぱく質13.3g
脂質6.1g　食塩0.6g）

紙包み焼きそば

カロリーダウン

●材料（1人分）
中華めん（蒸し）…1袋
チャーシュー…40g
キャベツ…40g
白ねぎ…10cm
もやし…20g
オイスターソース…小さじ2
ごま油…小さじ1
塩…適宜

●作り方
①チャーシューは細切り、キャベツは短冊切り、白ねぎは斜め薄切りにする。
②中華めんを袋ごと、電子レンジで2分加熱。ボウルに入れてオイスターソース、ごま油を合わせ、①の具ともやしを加え、均一に混ぜる。
③クッキングシート30cm角の中央に②をのせ、シートの両端を合わせて2回折り、筒状となった両端は下に折り込む。電子レンジで2分加熱、そのまま器にのせて食卓へ。
（1人分：エネルギー428kcal　たんぱく質16.5g　脂質9.9g　食塩1.6g）

電子レンジで作る筑前煮

少量でも上手に作れます

快腸　カロリーダウン

●材料（3人分）
鶏もも肉…75g
れんこん…100g
にんじん…50g
ごぼう…40g
かぶ…100g
煎りごま…小さじ2
唐辛子…小1本

○調味料
　酒…大さじ1
　しょうゆ…大さじ2
　砂糖…大さじ2
　ごま油…大さじ1
　顆粒だし…小さじ1/2

●作り方
①鶏肉は一口大に切り、種を除いた輪切り唐辛子と調味料を合わせ漬け込む。
②れんこんとにんじん、かぶは皮をむき一口大に斜め切り。かぶの葉の柔らかい部分は小口切り。ごぼうは皮をこそぎ2㎜の斜め輪切り。
③耐熱皿に②の根菜類を並べ、両端を少し開けてラップをかけ、割りばし2本を皿の下に置き電子レンジで5分加熱。ペーパータオルで野菜から出た水分をしっかりふき取り、中央を空け、根菜類の上に①の鶏肉を並べ、クッキングシートをかぶせてその上に重しになる皿をかぶせ、さらに4分加熱。②のかぶの葉を加えてかき混ぜ、カバーなしで2分加熱。
④電子レンジから取り出してよく混ぜ、器に盛り付け、煎りごまをかける。
（1人分：エネルギー148㎉　たんぱく質5.9g　脂質7.7g　食塩1.2g）

電子レンジ調理のポイント

○野菜の水切りをしっかりする。
○同一の食材は切り方をそろえ、固いものは表面積が大きくなるように切る。
○加熱時、食材から出る水分をペーパータオルで吸収して除去する。
○調味に油を使用すると、加熱温度が上昇して加熱が促進される。
○固いものは、加熱して組織が破壊されてから調味料を加えて加熱する。
○均等に加熱するために、マイクロ波の弱い中央を空けて食材を置く。
○火通りが悪い肉を野菜の上にのせることで、野菜の過加熱を防ぐ。
○加熱時間が長い場合は、ラップで完全に覆うと、水蒸気が一気に出てラップが浮き上がったり、破れてしまう。蒸気を少しだけ逃がしながら効率よく加熱するためには、ラップの端を少し開けておくとよい。

ふきと鶏のわさび和え

レモン風味が食欲をそそります

カロリーダウン

●材料（4人分）

ふき…中4本
鶏ささ身…1本
レモン（いちょう切り）…適宜
粉わさび…小さじ2/3
薄口しょうゆ…小さじ2
レモン汁…小さじ2

●作り方

①ふきは鍋の大きさに合わせて切る。まな板の上で塩をふって板ずりをする。熱湯に入れ、約2分間ゆでる。冷水に取ってさらす。皮をむき、太いものは2つに割り、4～5㎝長に切りそろえる。

②ささ身は耐熱容器に入れ、塩、酒を少量ふり、ラップをかけて電子レンジで1～2分間加熱する。細くさいておく。

③粉わさびに少量の水を加えて練る。薄口しょうゆ、レモン汁を加えて溶く。ふき、ささ身を加えて和える。

④③を盛り、レモンを上に飾る。

（1人分：エネルギー24㎉　たんぱく質3.7g
脂質0.1g　食塩0.6g）

大根ステーキ

おなじみの大根をコクのあるソースでメインディッシュに

カロリーダウン

●材料（4人分）

大根（3㎝輪切り）…4個
サラダ油…大さじ2
塩…小さじ1/2
酒…大さじ1
黒こしょう（粗びき）…少々

干し海老（無殻）…10g
にんにく…1片
しょうが…1/2片
細ねぎ…2本

○ソース
　鶏がらスープ…カップ1/2
　酒・砂糖・しょうゆ…各大さじ1
　オイスターソース…小さじ2

●作り方

①輪切り大根の上面に、十文字の切れ目を等間隔に2回入れる。切れ目に沿って八角形に整えながら皮を切り取る。塩、酒、黒こしょうを振りかけ10分おいた後、ラップをして電子レンジで約5分加熱する。

②①の水気をキッチンペーパーで取り、サラダ油大さじ2を引いたフライパンに入れ、中火で両面に焼き目を付け、器に盛る。

③大根を取り出したフライパンに、みじん切りにした干し海老とにんにく、しょうが、細ねぎを入れ、弱火で炒めて香りを出す。ソースの材料を加えて強火で加熱し、少し煮詰めて②にかけ、小口切りした細ねぎを散らす。

（1人分：エネルギー59㎉　たんぱく質2.2g
脂質2.5g　食塩0.6g）

丸ごと魚の蒸し物

食材の持ち味と栄養が凝縮
野菜もたっぷり食べられます

快腸　免疫力アップ　カロリーダウン

蒸し器がなくても大丈夫!

電子レンジで均一に熱が伝わるようにするには、食材を均等に並べ、日本酒（白ワインでも可）を少しふりかけ、ふんわりとラップをかけるのがコツ。

適量の糖質はとても大切

●材料（4人分）

タイ（23㎝位）…1尾
※小皿で作る場合は
　切り身でよい。
塩…少々
しめじ…1パック
しいたけ…4枚

小松菜…1/2束
白ねぎ…1本分
しょうが…1片
ラッキョウ…大さじ2
サラダ油…大さじ1

○タレ
　オイスターソース
　　…大さじ4
　しょうゆ…大さじ3
　黒酢…大さじ2

●作り方

①下処理した魚の水気をふいて塩をふり、30分おく。
②しめじはほぐす。しいたけは薄切り。小松菜は3～4㎝長に切る。
③耐熱皿に②を敷き詰め、①をのせる。ねぎの青い部分、しょうがの皮を散らしてラップをし、電子レンジで5～8分加熱する（時間は魚の大きさで調整）。
④白ねぎの白い部分を白髪ねぎにし、しょうがはせん切りにして合わせて水にさらした後、水気をきる。ラッキョウは粗みじん切り。
⑤タレの材料を合わせておく。
⑥③のねぎとしょうがを取り除き、蒸し汁を半量にする（やけどに注意）。④を散らし、タレ、熱したサラダ油をかける。

（1人分：エネルギー153㎉　たんぱく質17.0g　脂質5.0g　食塩2.5g）

新じゃがそうめん

さっぱりと食べられるじゃが芋レシピはいかが

カロリーダウン

●材料（4人分）
新じゃが芋（メークイン）…300ｇ
ラディッシュ…1束
そら豆…2本
ハマグリ…4個
酒…50㎖
めんつゆ（2倍濃縮）…50㎖
レモン汁…小さじ1～2
レモン、ラディッシュの葉…適宜

●作り方
①新じゃが芋の皮をむく。ラデッシュと共にできるだけ細いせん切りにして1%の塩水（分量外）に浸ける。
②そら豆は房から取り出し、皮に切り込みを入れて塩（分量外）を入れた熱湯でゆで、皮をむいておく。
③鍋に昆布（3㎝角：分量外）を敷き、ハマグリに酒と水大さじ2（分量外）をふりかけて殻が開くまで蒸す。蒸し汁はこしておく。
④麺つゆを水250～300㎖で薄め、③の蒸し汁50㎖、レモン汁を加えてよく冷やす。
⑤器に水気をよく絞った①を入れ④を注ぐ。②③を添え、みじん切りにしたラディッシュの葉を散らす。好みでレモンを絞る。
（1人分：エネルギー102㎉　たんぱく質4.9g　脂質0.3g　食塩2.0g）

最近のダイエット法で「炭水化物抜き」が注目されていますが、減量効果が表われやすい人とそうでない人が…。効果が出やすいのは、高度肥満（BMI30以上）で摂取エネルギーのほとんどが糖質（米、パン、麺類、芋類、お菓子類、果物など）の人。砂糖などの単純糖質を減らすだけでも、減量効果は目に見えて表われます。逆に肥満度が高くなく、もともと糖質過多でない人は、効果が感じられにくいだけでなく、体調を崩す危険性も。

糖質は、活動するためのエネルギー源。摂取量が不足すると、肝臓に蓄積される脂肪が一時的にエネルギーとして使われます。しかし、それが長期間にわたると、自身の筋肉を崩壊させてエネルギーに変えようとします。すると、歩くなど当たり前の行動にさえ障害が起きることもあるのです。

ご飯は毎食、軽くお茶碗一膳を食べましょう。適量の糖質は活動の源。最近疲れやすい方は、糖質を減らし過ぎていませんか？

3色野菜のきぬた巻き

油揚げの香ばしさを2種類のソースで味わいます

骨美人　カロリーダウン

●材料（2人分）
油揚げ…1枚　海苔…1枚
もやし…50g　パプリカ（赤）…20g
小ねぎ…20g　ごま油…小さじ1

○タレ（チリ味）
酢…大さじ1　砂糖…小さじ2
チリペッパーソース…小さじ1/2
顆粒だし…小さじ1/5

○タレ（ごま味）
酢…小さじ2
ごまペースト…小さじ1
オイスターソース…小さじ1/3
砂糖…小さじ1/2

●作り方
①パプリカはせん切りにし、3種の野菜はそれぞれさっと熱湯にくぐらせ、水をきる。
②油揚げを開き、海苔を敷いてもやしを広げ、ねぎとパプリカを重ね、端からしっかりと巻き、爪楊枝で止め、中央で半分に切る。
③フライパンにごま油を引き、表面がきつね色でパリパリになるまで焼く。楊枝をはずし食べやすい大きさに切る。
※油揚げの香ばしさと、別々に2種のタレを表面にたっぷり付けて味わう。
（1人分：エネルギー143㎉　たんぱく質8.3g　脂質9.6g　食塩0.3g）

減塩のための工夫

●昆布・カツオのだしでうま味を活用する。
●しそ・山椒・みょうが・たで・わさびなどの香味野菜の風味を利用したり、香辛料を使って料理にアクセントをつける。
●レモンや柑橘類などクエン酸の酸味を利用する。
●油などを使って焦げ目を付け香ばしくする。
●汁物は、具を多くして汁量を減らす。
●ハム、ソーセージなどの加工食品や塩分の高い「ご飯の友」「塩蔵品」などの使用を控える。
●外食や丼物などの頻度を少なくする。
●煮豆、かぼちゃ、さつま芋、ピクルス、南蛮漬など、無塩・低塩で食べられるものと組み合わせる。

カロリーダウン

カロリー控えめデザート3種

低カロリー甘味料を使用すると
さらにカロリーが抑えられます

クラッシュコーヒーゼリー

●材料（2人分）
粉寒天…2g
インスタントコーヒー…大さじ1～2
砂糖… 大さじ2
コーヒーフレッシュ…2個

①鍋に水250mℓと粉寒天を入れ、かき混ぜながら沸騰後、弱火で3分加熱する。
②インスタントコーヒーを50mℓの湯で溶かし、砂糖と一緒に鍋に加えよく混ぜる。
③冷やして固め、フォークなどで砕き、コーヒーフレッシュをかける。
（1人分：エネルギー58㎉）

りんごのワイン煮

●材料（2人分）
りんご…1/2個　赤ワイン…大さじ1
砂糖…大さじ1　ミントの葉…2枚

①りんごは皮をむいて4つ切りにし、芯を除く。
②皮と一緒に鍋に入れ、水100mℓにワイン、砂糖を加え落としブタをして、汁気がなくなるまで中火で煮詰めた後、冷やす。
③器に盛り、ミントを飾る。（1人分：エネルギー50㎉）

さつま芋の茶巾絞り

●材料（2人分）
さつま芋…100g（中1/2本）
牛乳…大さじ2　砂糖… 大さじ1
レーズン…大さじ1

①さつま芋は皮ごとラップに包み、電子レンジで約3分、柔らかくなるまで加熱。
②①の皮を取り、よくつぶして牛乳と砂糖、レーズンを加えて練り、ラップで4等分し茶巾絞りにする。
（1人分：エネルギー111㎉）

砂糖を控えましょう

砂糖はデンプンと比べて吸収が速く、急激に血糖値を高めます。菓子類、干し果物、缶詰の果物、ジャム、アイスクリーム、清涼飲料水、缶コーヒーには、糖分が多く含まれているので注意しましょう。

間食やデザートに甘いものが欲しくなったら、できるだけ生の果物を。ビタミンやミネラル、食物繊維を多く含み、1日100gぐらいなら問題ありません。バナナは1本、温州みかん2個が100gの目安。ただし、果物は短時間でエネルギーになるため、夜よりも朝や昼に摂るようにします。

市販の低カロリー甘味料には、マービー、パルスイート、エリスリトール、ラカントS、オリゴ糖などがあります。それぞれ甘さは異なりますが、いずれも砂糖に比べてカロリーが抑えられ、血糖値への影響が少ないことが知られています。

正しいダイエットの基本

ミニ講座

痩せ過ぎ注意！

ダイエットを簡単にいうと、摂取エネルギーを消費エネルギーより減らすこと。

ダイエットによってベスト体重を目指しましょう。（下記に示す体重は、AさんがBMI 22を目指す場合です）

※BMI 22は日本人が生活習慣病にかかりにくいとされる身長と体重のバランスです。

（例）Aさん 30才

体重 65kg
身長165cm（1.65m）

→ 目指す体重は 1.65 × 1.65 × 22 ＝ 60kg

Aさんの適正な摂取エネルギーは

60kg×30kcal/体重kg・日 =1800kcal/日（活動量が少ない場合は、60×25＝1500kcal）

食べ過ぎによる過剰エネルギーは体脂肪として蓄えられます。体脂肪1kgは約7000kcalに相当します。従って**Aさん**が理想の体重まで減量するには、5kg×7000kcal=35000kcalの摂取エネルギーを減らすか、消費エネルギーを増やすかです。

リバウンドが起こりにくく無理のない食事による減量は、1か月に1～2 kg（7000～14000kcal）以下です。1日の食事では230～470kcalです。従って5kgの体重を食事だけで減らすには、3～5か月を目安とします。

これを運動だけで減量しようとすると、例えばジョキングのような運動を毎日約1時間しないといけないので大変です。また食事だけで減量を続けると、やがて体が飢餓状態になり、生命維持のため栄養素の吸収率を上げ、その結果、体脂肪が増えリバウンドを起こしやすくなります。軽い運動と無理のない食事制限を組み合わせて継続することが大切です。規則正しい生活リズムを作り、栄養バランスのとれた食事を摂り、腹七分目に食べ、生活の中でよく体を動かす習慣を身につけましょう。

肥満の原因を見つけ、生活習慣病にかからない工夫を！

① 加齢とともに、基礎代謝が下がるにも関わらず同じ量を食べている。
② 接待、付き合い、外食の頻度が高い、味の濃い物を好む（過食、高エネルギー食）。
③ 夜型、不規則な生活（体脂肪として蓄積されやすい）。
④ 運動不足（筋肉量が減り、エネルギーを消費しにくい体になる）。
⑤ アルコール、甘い菓子・飲料、果物の食べ過ぎ、つまみ食い、いただきもの、残りものを食べる習慣がある。
⑥ ご飯、野菜を食べない、ファーストフードを好む（動物性脂質の摂り過ぎ）。
⑦ 早食い、一気食いの習慣や遺伝などの太りやすい体質。
⑧ ストレスが多い（その解消のために好きなものを食べたり、気付かないで食べている）。

＊太る原因がわからない場合は、食事記録をつけ、何をどんな状況でどの位食べたかを記録してみましょう！

第8章

伝統食・おもてなし

～もっと知ろうつながろう～

個食・孤食の時代だからこそ、みんなで囲む食事を大切に。

世界に誇る和食文化を代表する伝統食や変わり寿司、

そして笑顔があふれるパーティーメニューを紹介します。

「和食」がユネスコ無形文化遺産に登録

「和食」の無形文化遺産登録は、私たち日本人の「食」がいかに優れたものであるかを世界に強くアピールすることになりました。京都の観光客が年を追うごとに増え続けているのも、伝統文化やおもてなし精神と相まった和食の魅力によるものといっても過言ではないでしょう。

農林水産省は「自然を尊ぶ」という日本人の気質に基づいた「食」に関する「習わし」を、「和食・日本人の伝統的な食文化」と題して左記の内容で申請し認可されました。

多様で新鮮な食材とその持ち味の尊重

日本の国土は南北に長く、海、山、里と表情豊かな自然が広がっているため、各地で地域に根差した多様な食材が用いられている。また、素材の味わいを生かす調理技術、調理器具が発達している。

栄養バランスに優れた健康的な食生活

一汁三菜を基本とする日本の食事スタイルは理想的な栄養バランスといわれている。また、だしなどの「うま味」を上手に使うことによって「動物性油脂の少ない食生活」を実現しており、日本人の長寿、肥満防止に役立っている。

自然の美しさや季節の移ろいの表現

食事の場で、自然の美しさや四季の移ろいを表現することも特徴の一つ。季節の花や葉などで料理を飾り付けたり、季節に合った調理品や器を利用したりして、季節感を楽しんでいる。

正月などの年中行事との密接な関わり

日本の食文化は、年中行事と密接に関わって育まれた。自然の恵みである「食」を分かち合い、食の時間をともにすることで、家族や地域の絆を深めてきた。

子どもたちに食文化の伝承を

これまで日本の歴史の中で大切に引き継がれてきた食文化が、残念ながら崩壊しかけています。私たちはもっと和食について知り、多くの人と食を通じてつながり合うことが大切です。

人や地域との絆を強め、健康長寿の延伸に貢献してきた食文化を正しく認識し伝承していくためには、子どもたちに伝えやすい郷土食や行事食をみんなで味わう体験の場作りが必要です。また家族そろっての食事や来客へのおもてなし料理を通して、食の楽しさを伝えていくことが大切です。

和食の「だし」、お米、みそやしょうゆなど独特の発酵食品、家族と食卓を囲むスタイルや食べ方、そして素材へのこだわり、多様な料理法……そのすべてが日本の食文化です。

そして、料理を作ってくださった人のこころに感謝しながら味わうことから、家族と地域社会の人々との絆が生まれます。

春野菜のちらし寿司

うど、こごみ、菜の花……
春野菜のパワーをもらいます

●材料（6人分）
○寿司飯
　米…3合
　昆布…5㎝角
　白ごま…大さじ3

うど…15㎝
れんこん…15㎝
にんじん…15㎝
しょうが…10ｇ
菜の花…1束
こごみ…8本
えんどう豆…40ｇ
そら豆…12粒
卵…2個
塩…適量
サラダ油…少々
桜の花塩漬け…4個
とんぶり…少々

●作り方
①うど、れんこん、にんじんは皮をむき5㎜幅に切る。うどとれんこんは酢熱湯、にんじんは熱湯でゆでる。うどとにんじんは桜や花びらの抜き型で抜く。
②①と薄切りにしたしょうがを甘酢（分量外＝酢180㎖、砂糖60ｇ、塩10ｇ）に漬け込む。
③こごみと菜の花は塩熱湯でさっとゆで、水気をきって3㎝長に切る。ひと煮立ちさせた漬け汁（分量外＝だし1カップ、薄口しょうゆ・みりん各小さじ2）に漬ける。
④えんどう豆、そら豆は濃い目の塩熱湯でゆでる。
⑤卵は塩少々を加えてよく溶きほぐし、薄焼き卵を焼き、錦糸卵にする。
⑥器に寿司飯（P.105に準じて作る）を器に盛り、錦糸卵を散らし、彩りよく野菜類と桜の花（水にさらし塩気を抜いておく）、とんぶりを添える。
※残った野菜類を、みじん切りにして寿司飯に混ぜてもよい。
（1人分：エネルギー384㎉）

手まり寿司

お誕生日会などにぴったりのかわいらしい握り寿司です

●マグロのたたき
刺身用マグロをうす切りにし、下味（しょうゆ、酒各大さじ2、みりん大さじ1.5）に30〜60分漬け込む。みつ葉、にんじん、スプラウト（各適量）をマグロで包み楊枝で止める。

●紅白きんとん
蒸して皮をむいた大和芋200gを熱いうちに裏ごしし、砂糖50gを混ぜ合わせる。2等分にして半分を色粉でピンクにし、白とピンクを合わせて濡れ布巾で茶巾に絞る。

●手まり寿司材料
米…2合
スライスサーモン、イカそうめん、イクラ、かまぼこ、木の芽…各適量

●作り方
①炊飯した直後、合わせ酢（酢大さじ4、砂糖大さじ3、塩小さじ2/3）を合わせ、1個50gに丸く握る。
②［サーモン］スライスサーモン適量をラップに広げ①を包む。
［イカ］①にイカそうめんを花びら状に並べ、花芯としてイクラをのせる。

［かまぼこ］半円側から細かく切り込みを入れ、1本ずつ折りこむ。①にのせて木の芽を添える。

ハマグリの豆乳スープ

白みそと豆乳の相性が抜群

●材料
ハマグリ150g、酒大さじ2、削り節2g、白みそ大さじ3、豆乳50mℓ、油揚げ適量、こごみ適量、薄口しょうゆ小さじ1

●作り方
①ハマグリを酒蒸しにする。鍋に蒸し汁と水200mℓを入れて火にかけ、軽く沸騰したところに、お茶パックに入れた削り節で追いガツオをする。白みそを溶き、豆乳を加え沸騰させないように煮立て、薄口しょうゆで味をととのえる。
②花型に抜いた油揚げはトースターで焼き、こごみは軸を短くしてゆでる。
③器にハマグリを入れてスープを注ぎ②を添える。

●寿司飯の基本

①米は洗って炊飯釜に入れ、通常より一割少ない水加減とし、昆布を入れて約30分おき、炊飯後に昆布を取り出す。
②炊きたてのご飯を半切りに移し、

○合わせ酢
- 米酢（米の1/10容量）
- 砂糖（米の1/10容量）
- 塩（酢の1/10容量）

を手早くご飯に合わせ切るように混ぜ、平らに広げて人肌まで冷ます。

しめサバの角巻き

●材料（4本分）
海苔…4枚
しめサバ…大1枚
しょうが酢漬
…40g
大葉…16枚
寿司飯…320g

●作り方
①しめサバは海苔の長さに合わせ、縦長に4本に切り、しょうが漬はせん切りにする。
②巻きすに海苔を置き、向こう側3cmを残して寿司飯を薄く広げ、中央に横一列に大葉、サバ、しょうがを並べ、前からしっかりと押さえながら巻き、四角の形に整える。

変わり巻き寿司4種

カラフルで楽しい巻き寿司は市販の材料を使って手軽に

Point

巻き寿司の切り方のコツ

巻き寿司を切るときは15分ほどおいて形が安定してから。
包丁についた寿司飯をぬれふきんで丁寧に
取りながら切るときれいに切れます。

カリフォルニア巻き

●材料（4本分）
海苔…4枚
アボカド…2個
カニかまぼこ…16本
サンチュ…4枚
煎りごま…大さじ8
寿司飯…600g

●作り方
①アボカドは皮をむき、たて半分に切り目を入れ種を取り出す。たてに12等分する。
②巻きす、サランラップ、海苔の順に重ねて置き、寿司飯を薄く全体に広げる。
③②を持ち上げ、ラップの上に裏返す。具を海苔の中央に一列に並べ、ラップを巻き込まないようにしながら手前から巻きすを使って巻く。形が安定するまでラップをしておき、はずしたらごまをまぶす。

花寿司

●材料
（小巻き８本分）
海苔…４枚
しば漬…40ｇ
寿司飯…280g

●作り方
①しば漬は細かく刻み、寿司飯に混ぜる。
②巻きすに半分にカットした海苔を横長に置き、海苔の上下1㎝を残して①を広げ、２つ折りにするように上下の海苔を合わせ、花びらの形に。適当な長さに切り、5つを合わせる。

卵巻き

●材料（４本分）
〇卵…４個
　砂糖…大さじ2
　塩…大さじ1/3

カニかまぼこ…８本
みつ葉…１束
寿司飯…320g

●作り方
①卵を割ってほぐし、調味料を加えて薄焼き卵を４枚焼く。
②巻きすの上に①を置き寿司飯を薄く全体に広げ、カニかまぼこ（たてに２つに割く）とゆでたみつ葉を左右両端から２㎝の位置にそれぞれ1列に並べ、左右から内側に折り返して中央で合わせ、合わせ目を下にして上から押さえかまぼこ型に整える。

菜の花寿司

春をシンプルなお寿司にしていただきましょう

●材料　（4人分）
米…2合
　水…2カップと大さじ2
　酒…大さじ1
　昆布…1枚（5㎝角）

○合わせ酢
　酢…大さじ3
　砂糖…大さじ1・2/3
　塩…小さじ1・1/3

○菜の花…24本
　だし…150㎖
　薄口しょうゆ…小さじ2
　みりん…小さじ2

○卵…4個
　みりん…小さじ2
　砂糖…小さじ2
　塩…ひとつまみ

焼きアナゴ…1尾
煎りごま…大さじ3

●作り方
①洗米に分量の水と昆布を加えP.103に準じて浸漬し、酒を加えて炊き、寿司飯を作る。
②菜の花は茎の固い部分を切り、氷水でしめて水をきる。塩を加えた熱湯で約1分間ゆで、冷水にさらし軽く絞る。だしに調味料を加えて煮立て、冷まし、菜の花を漬けておく。
③卵を割りほぐし、調味料を加えてフッ素加工のフライパンに入れ火にかける。箸を4、5本持ち、混ぜながら加熱し柔らかい状態で火を止め、ふんわりとした炒り卵を作る。
④焼きアナゴは軽くあぶり、縦半分に切り、5㎜幅に切る。
⑤①に③の半量、④、煎りごまを加えて混ぜる。器に盛り、上に②と③の残りを飾る。
（1人分：エネルギー541kcal）

焼きサバの押し寿司

秋サバを香ばしく焼き、香り高いゆずをたっぷりと加えました

おにぎりのようにしてもOK！

●材料（6～7人分）
米…5合
水…1ℓ
昆布…10g
サバ（切り身）…250g
煎りごま…大さじ4
れんこん…150g
干ししいたけ…5枚
にんじん…中1/2本
干しひじき…8g
卵…2個
油…適量
旬の飾り野菜…
　にんじん葉、絹さや、
　葉山椒など適量

○合わせ酢
　米酢…100mℓ
　（1/2を柚子酢）
　砂糖…大さじ2・2/3
　塩…大さじ1/2
　刻みしょうが…30g

○A
　水…大さじ2
　酢…大さじ2
　砂糖…大さじ2
　塩…小さじ1/4

○B
　だし…150mℓ
　濃口しょうゆ…大さじ2
　砂糖…大さじ2
　みりん…大さじ1

○C
　砂糖…小さじ1
　塩…1g

●作り方
①干ししいたけと干しひじきを別々に水に浸けて、戻す（しいたけの戻し汁は残しておく）。
②P.103に準じて、寿司飯を作る。
③サバに1％の塩（分量外）をして15分ほど置き、水気を取り、しっかり焼く。皮と骨を除いて身をほぐし、合わせ酢に15分ほど漬ける。
④れんこんは皮をむき、いちょう切りにして酢水にさらす。鍋にAの調味料と水切りしたれんこんを加えて白煮にする。
⑤しいたけの水気を取り、柄を除いて薄切り（しいたけの戻し水はBに加える）。ひじきは水を数回取り替えて水きりする。にんじんの皮をむき2㎝長のせん切りにする。
⑥しいたけ、ひじき、にんじんをBの調味液で煮汁が無くなるまで煮詰め、煮汁をきる。
⑦卵にCを加え錦糸卵を作る。
⑧寿司飯に④と煎りごまを加え、素早く混ぜる。
⑨押し型に、⑧⑥⑧を交互にしっかり詰め、錦糸卵と飾り野菜を置き押し出す。
（1人分：エネルギー590㎉）

土佐の魚《いお》飯《めし》

**タイ一匹を丸ごと使った見栄えのする
おもてなしレシピ**

魚飯は「いおめし」または「いよめし」と呼ばれ、新鮮な魚としょうがを一緒にたっぷりと炊き込んだ高知県の郷土料理です。

タイ以外にイトヨリなどの白身魚やサバを用いる地域もあります。

●材料（5人分）

タイ（28㎝程度）…1尾
米…3合
水…600㎖
昆布…8㎝角
しょうが…50g
刻み小ねぎ…30g

○A
顆粒だし…小さじ1
塩…小さじ1/3
みりん…小さじ2
薄口しょうゆ…小さじ2
酒…大さじ2

●作り方

①タイのうろこ、エラ、内臓を取る（店でも取ってくれます）。振り塩して10分置き、尾びれや背びれにアルミホイルをかぶせグリルで焼く。

②洗米の水きりをしっかりして土鍋に入れ、昆布をのせて水を加え30分浸ける。

③②の土鍋にホイルを外した①、A、刻みしょうがを入れて加熱（目安：強火で沸騰するまで8分→中火で吹きこぼれないように5分→弱火で10分→火を止め蒸らし10分）。

④昆布とタイを鍋から取り出し、タイの身だけをほぐし取り、水にさらしておいた小ねぎとともに鍋に戻し、底の方から空気を入れるようにして均一に混ぜる。

（1人分：エネルギー318㎉）

蒜山《ひるぜん》おこわ

岡山の郷土料理
もち米とたくさんの具を彩りよく炊き込みました
炊飯器でカンタンに！

●材料（5人分）
もち米…2合
米…0.5合
麦…0.5合
にんじん…50g
栗（甘露煮）…5個
キヌサヤ…少々
鶏肉…100g
ごぼう…50g
しめじ…100g
干ししいたけ…10g
ぜんまい（水煮）…50g
ふき（水煮）…50g
サラダ油…適量
○A
砂糖…大さじ1
みりん…大さじ1
薄口しょうゆ…大さじ1・1/2
酒…大さじ1・1/2
塩…小さじ1
だし…150mℓ

●作り方
①もち米と米は2時間ほど水に浸した後、ザルにあげて麦を混ぜておく。
②干ししいたけは水で戻し、せん切りにする（戻し汁は残しておく）。ごぼうはささがきにして水に浸け、アクを抜く。ふき、ぜんまいは食べやすい大きさに切る。鶏肉はこま切り、にんじんはいちょう切りにする。しめじは石づきを落として食べやすい長さに切る。
③鍋に油を熱し、②を軽く炒めてからAとしいたけの戻し汁を入れて2～3分煮る。
④煮汁と具を分ける。炊飯器にもち米・米・麦と炒めた具を入れる。煮汁の量は500mℓになるように水を足して炊く。
⑤炊けたらざっくり混ぜて栗とキヌサヤを散らす。
（1人分：エネルギー371㎉）

冷や汁

あつあつのご飯に冷たい汁をかけて食べる
宮崎県の郷土料理

●材料（5人分）
いりこ（粉末）…25g
合わせみそ…45g
きゅうり…1本
木綿豆腐…125g
すりごま…20g
水…500mℓ
大葉…10枚
刻み海苔…適宜
七味唐辛子…適宜
ご飯…適量

●作り方
①きゅうりは輪切り、大葉は千切り、豆腐はさいの目に切る。
②すり鉢に、すりごま、いりこを入れてよくすり混ぜる。合わせみそを加え均一になるまですり混ぜ、少しずつ水を加え、よく混ぜ溶かし、冷やす。
③②に①の具を入れてでき上がり。あつあつのご飯に冷たくした冷汁をかける。
好みで刻み海苔・七味唐辛子を添える。
（1人分ご飯150gとして：エネルギー333㎉）

大鉢茶碗蒸し

みんなで分け合って食べられるように大鉢で

●材料（4人分）
卵…2個
だし…400㎖
◯A
　塩…小さじ1/3
　薄口しょうゆ
　　　　…小さじ1
　みりん…小さじ1
無頭エビ…4尾
紹興酒…適量
鶏ささ身…4切れ
しいたけ…2個
水煮銀杏…8個
みつ葉…8本

●作り方

①だしとAを合わせ、電子レンジで60℃（お風呂より熱く、触れることができる温度）に温める。
②ボールに卵をよく溶きほぐし①を加え、卵白を切りながらこす。
③エビは殻と背わたを取り、紹興酒を振りかける。鶏は筋を除いてそぎ切り、しいたけは薄切り。銀杏とともに器に入れ②の卵液を注ぐ。器にラップをかけ、竹串で3か所に穴を開けて電子レンジ弱で5～6分加熱した後、凝固するまで様子を見ながら1～2分加熱。中心部に竹串を差し、透明な液が出るとでき上がり。
④熱湯にくぐらせ冷水にさらした結びみつ葉を添える。
（1人分：エネルギー87㎉）

小豆がゆ

親鸞聖人のご好物だったと伝えられています

浄土真宗のお寺や家庭では、親鸞聖人を偲ぶご命日の法要（報恩講）で、「お斎《とき》」と呼ばれる精進料理が伝承されてきました。亡くなった方の好物を作って食べながら、故人を懐かしむ機会を大切にしたいものです。

●材料（2人分）
小豆…30g
米…0.5合
塩…ひとつまみ
季節の香の物
　…適宜

●作り方

①一晩水に浸けた小豆を、火にかけ、ひと煮立ちさせた後に湯をきる。鍋に水適量と塩ひとつまみを加えて弱火で煮る。
②洗米を水に30分浸ける。
③小豆を取り出した煮汁に水を加えて450㎖にし、米を入れて強火にかける。吹きこぼれる前に弱火にしてひと混ぜし、フタをして15分炊く。小豆を加えてさらに5分。火を止めて15分蒸らす。
④季節の香の物を添える。（1人分：エネルギー118㎉）

茶そばとミニ懐石

盛夏のランチにぴったり
冷たいそばでおもてなし

冷製茶そばサラダ仕立て（4人分）

茶そば（乾めん）…320g
鶏ささ身…120g
塩・こしょう…適量
酒…大さじ2
ちくわ…3本
きゅうり…1本
オクラ…10本
ミニトマト…10個

○タレ
ごま油…小さじ2
めんつゆ…大さじ4
唐辛子…1本
煎りごま…大さじ1
マヨネーズ…大さじ2
ポン酢…大さじ3

●作り方

①沸騰したたっぷりの湯でめんをゆで、氷水でしめて水をきる。
②鶏ささ身は筋を取り、塩、こしょう、酒をふり、電子レンジで火が通るまで加熱し手でさばく。ちくわ、きゅうりは4㎝長のせん切り、トマトは粗みじん切り、オクラは小口切りにし、たたいて粘りを出す。
③彩りよく盛り付け、タレをかける。好みでわさびや海苔を添える。
（1人分：エネルギー416㎉）

じゃが芋の梅肉和え（4人分）

じゃが芋…1個　みつ葉…1/4束
塩、こしょう…適宜
○梅肉ソース
梅干2個／酒大さじ2
顆粒だし小さじ1/3

●作り方

皮をむいたじゃが芋をせん切り、水にさらす。湯で1分ゆで、水で洗い水きり。みつ葉は、軸は3㎝長に切り、葉はせん切り。梅肉を包丁でたたき、梅肉ソースの材料と合わせ、塩、こしょうをふる。じゃが芋、みつ葉、ソースを合わせる。

（1人分：エネルギー53㎉）

甘えびとアスパラの揚げ浸し（4人分）

グリーンアスパラガス…4本
甘エビ（有頭）…8尾　　揚げ油…適量
○漬けダレ
だし100㎖／しょうゆ大さじ1
みりん大さじ1／酢小さじ1/2

●作り方

根元の固い部分を取ったアスパラガスを3等分。エビは尾先を切り水気を取る。漬けダレの調味料を合わせ、鍋でひと煮立ち。アスパラガスは160℃、エビは170℃で色鮮やかになるまで揚げ、漬けダレに漬ける。（1人分：エネルギー80㎉）

茶せんなすのしょうが酢（4人分）

なす…小2個
○タレ
新しょうが（すりおろし）1片
酢大さじ1／砂糖大さじ1
顆粒だし小さじ1/2

●作り方

なすを縦半分に切り、ヘタを残して縦2㎜に切り目を入れ、塩小さじ1（分量外）をすり込み10分おく。水洗いし、形を崩さないようにしっかり絞り、ヘタを落として茶せん状に盛り付ける。タレの材料を合わせてかける。

（1人分：エネルギー12㎉）

生春巻きとドレッシング５種

いろいろなドレッシングをマスターすると料理の幅が広がります

ドレッシングの作り方（写真左から）

ゆずこしょう
さっぱりドレッシング。温野菜サラダ、めんのつけダレにも。（15mℓ：12kcal）
ポン酢大さじ5／ごま油大さじ1／砂糖小さじ1／ゆずこしょう小さじ2（ゆずこしょうの代わりに、みそ、ごまペースト、一味などを加えてもよい）

中華風
中華風サラダに。（15mℓ：30kcal）
酢大さじ3／ごま油大さじ3／しょうゆ大さじ3／すりごまペースト大さじ1（すべてを合わせ、砂糖、しょうが、ラー油を好みで加える）

オーロラ
クリーミーなドレッシング。ジャガイモや海鮮にも。（15mℓ：55kcal）
ケチャップ大さじ2／マヨネーズ大さじ4／牛乳大さじ2／チリソース大さじ1（刻んだピクルス、玉ねぎ、セロリ、パプリカや粒マスタードを加えると一段とおいしくなる）

エスニック
ノンオイルでもコクのある甘いチリソースは大根、もやしなど淡白な素材の持ち味を引き出す。（15mℓ：12kcal）
酢大さじ4／砂糖大さじ2／だししょうゆ小さじ2／チリソース小さじ2（チリソースに代えてナンプラー、トウバンジャンを使い、ごまやマヨネーズを加えてもよい）

くるみ
ナッツのコクが加わったドレッシング。グリーンアスパラガス、サヤインゲンなどに。（15mℓ：40kcal）
オリーブ油大さじ2／白ワイン大さじ3／酢大さじ1／だしじょうゆ小さじ1／刻みにんにく1片／くるみ20ｇ（くるみを空煎りし、袋に入れてたたいてつぶす。すべてを合わせ、塩、こしょうで味をととのえる）

◆蒸し鶏の生春巻き

鶏むね肉（皮なし）120ｇに塩ひとつまみ、酒大さじ３をふりかけ、ラップをして電子レンジで加熱。レタス３枚、きゅうり１本、セロリ1/２本を適当な大きさに切り、ほぐしたむね肉とともにライスペーパー３枚で３本に巻く。

◆旬菜の生ハム巻き

水菜100ｇ、りんご1/3個、クリームチーズ100ｇを適当な大きさに切り、生ハム６枚とともにライスペーパー３枚で３本に巻く。

（１人分：エネルギー194kcal）

海の幸とトマトの冷製スパゲッティーニ

夏のごちそう、冷たいパスタが喜ばれます

Point

冷製パスタは味が入りにくいので、細いパスタを使ってソースを絡めます。

●材料（2人分）
パスタ（1.2㎜）…200g

○ソース
黒酢（バルサミコ酢）…大さじ1
エキストラバージンオイル…大さじ2
塩…大さじ1/2
黒こしょう（粗びき）…少々
にんにく…30g
生バジル…4、5枚

ホタテ貝柱（刺身用）…4個（60g）
ブラックタイガー…4尾（60g）
イカそうめん…100g
完熟トマト…200g
生バジル（上飾り用）…適量

●作り方

①にんにくを約3㎜にスライスし、フライパンにオリーブ油（分量外）をひき、弱火できつね色になるまで炒め、にんにくと炒め油を分けて冷蔵庫で冷やしておく。

②黒酢、エキストラバージンオイル、塩、黒こしょう、にんにくの炒め油を入れて混ぜ、粗めにみじん切りしたバジルを入れて冷蔵庫で冷やす。

③貝柱、エビは臭みを取るため、沸騰した塩水（1%）に5秒ほど湯通し。氷水で冷やし、水気をふき取り適当な大きさに切る。イカそうめんは少量の黒酢（分量外）に約10分漬け、水気をふき取る。

④完熟トマトはさっと湯通しして氷水で冷やし、皮をむき2㎝の立方体に切り、②のソースに入れる（種も入れたほうが酸味がきいておいしい）。その他の具材と①のにんにくを入れて混ぜ、約10分冷蔵庫に入れる。

⑤パスタは10倍量の沸騰した食塩水（1%）で柔らかめにゆで、氷水で冷やし、すぐにザルにあげ、キッチンペーパーで水気をふき取る。

⑥④の具材とソースを分け、残ったソースにパスタを入れて和える。
冷やした皿にパスタを盛り付け、その上に冷やした具材と生バジルを飾る。

（1人分：エネルギー423㎉）

カレー&トッピング5種

市販のカレールウもトッピングを工夫してわが家風に

●材料（6人分）
豚肉（薄切り）…200g
玉ねぎ…2個
じゃが芋…3個
にんじん…1本
にんにく…2片

牛乳…100㎖
白ワイン…大さじ2
ケチャップ…大さじ2
ウスターソース…大さじ2
カレールウ…6人分
塩…小さじ1/3
サラダ油…大さじ2
ガラムマサラ…適量

●作り方
①玉ねぎ、じゃが芋、にんじんは皮をむき、一口大に切る。
②ソースパンに油を引き、刻みにんにくをきつね色に炒める。肉を加え、①の野菜を炒め、ワインを加えて材料が浸かるまで水を加える。20分加熱の後、表面に浮いてくるアクを取る。
③カレールウを加え、ルウが溶けたらケチャップ、ウスターソース、牛乳、塩を加える。仕上げにガラムマサラを加える。
④皿にライス（今回は米2カップに対しターメリック小さじ1、バター大さじ1を加えて炊いたターメリックライス）を盛り、カレーソースをかけ、好みのトッピングで食べる。
（カレーソース1人分：エネルギー311㎉）

トッピングでカレーがおしゃれに！（左から）キウイ、ワンタン皮のから揚げ、デラウェア、ミニトマト、小松菜の塩炒め。

スパイスの話

カレー発祥の地インドでは、その時々の食材に合わせて、好みのスパイスを10～30種類もブレンドした各家庭の味があります。

インドカレーはスープタイプですが、イギリス経由で伝わった日本のカレーは、ブラウンルウが入った濃厚なソースタイプが一般に普及しました。

スパイスには、発汗作用による新陳代謝の亢進や、胃腸の刺激による食欲増進、疲労回復の効果があり、暑いインドでスパイスの殺菌力による腐敗抑制効果も理にかなっています。そして、スパイスのもつ細胞への抗酸化力は、動脈硬化などの予防にもつながります。

カレーを作る時、次のような材料を好みで加えるとコクが出ます。

●スパイス類…ガラムマサラ、クミン、コリアンダーなど。
●調味料…ウスターソース、トマトソース、ワイン、しょうゆ、梅エキスなど。
●隠し味…りんご、バナナ、干し杏、レモン、トマト、ヨーグルトなど。
●深み…チョコレート、インスタントコーヒーなど。

ケーク・サレ２種

サケとご飯のケーク・サレ

●材料（18×7×6.5cmパウンド型1本分）

卵…２個
サラダ油…60㎖
牛乳…50㎖
薄力粉…100g
ベーキングパウダー…3g
パルメザンチーズ（粉）…40g
天然塩…ひとつまみ
ご飯…100g
甘塩サケ(切り身)…1切れ
ほうれん草…100g
白ごま…小さじ2

●作り方

①サケは焼いて皮と骨を取り、身をほぐす。

②ほうれん草はゆでて、粗みじん切り。

③卵を溶きほぐし、牛乳、サラダ油を加えて混ぜる。

④薄力粉とベーキングパウダーを合わせてふるい、パルメザンチーズと塩を加える。

⑤④に②を少しずつ加えながら、菜箸で底からすくい上げるように混ぜる。

⑥⑤に①とご飯を加え、ざっくりと混ぜたら型に流し入れ、表面をゴムべらで平らにならし、白ごまをふって、180℃に予熱したオーブンで30～35分焼く。

ベーコンと野菜のケーク・サレ

●材料（18×7×6.5cmパウンド型1本分）

卵…２個
サラダ油…60㎖
牛乳…50㎖
薄力粉…100g
ベーキングパウダー…3g
パルメザンチーズ（粉）…40g
天然塩…ひとつまみ
ベーコン（ハーフサイズ）…５枚
玉ねぎ…1個
にんじん…50g
しいたけ…４枚
いんげん…50g
塩・こしょう…適量

●作り方

①ベーコン、玉ねぎ、にんじん、しいたけは太めのせん切り、いんげんは3cm長に切り、塩、こしょうをして炒め、粗熱を取っておく。

②卵を溶きほぐし、牛乳、サラダ油を加えて混ぜる。

③薄力粉とベーキングパウダーを合わせてふるい、パルメザンチーズと塩を加える。

④③に②を少しずつ加えながら、菜箸で底からすくい上げるように混ぜる。

⑤④に①を加え、ざっくりと混ぜたら型に流し入れ、表面をゴムべらで平らにならし、180℃に予熱したオーブンで30～35分焼く。

パエリヤ

青空や星空の下、自然の中で作ってみませんか

キャンプの時の野外料理といえばバーベキューやカレーが定番ですが、スペイン料理のパエリヤに挑戦してみましょう。パエリヤ鍋の代わりにフライパンや鉄鍋、ホームセンターなどで売っている「アルミ焼そばトレー」でも代用できます。

●材料（4人分）

米（無洗米）…2合
鶏もも骨付き（ブツ切り）…300g
イカ…1杯
殻つきエビ…大4尾
アサリ…200g
ソーセージ…4本
パプリカ（赤）…1個
三度豆…60g
玉ねぎ…1/2個
にんにく…1片
トマト（中）…1個
チキンスープ（固形）…2個
サフラン…ひとつまみ（0.5g）
オリーブ油…大さじ3
こしょう…少々
レモン…1個

●作り方

①湯（4カップ）を沸かし、固形スープを溶かし、熱いうちにサフランを加え色を出す。

②鶏肉に塩、こしょうをふる。イカは内臓を除き1㎝幅の輪切り。足は2～3本ずつに分けて切る。エビは竹串で背わたを取る。アサリはよく洗う。玉ねぎ、にんにくはみじん切り。トマトは皮と種を除き粗く切る。パプリカは種を除き、縦に8等分に切る。

③パエリヤ鍋にオリーブ油（大さじ1）を熱し、鶏に焦げ色を付け鍋の片方に寄せる。オリーブ油（大さじ2）を足し、玉ねぎ、にんにくを炒め、トマトを加え水分を煮詰める。エビ、イカ、ソーセージ、パプリカを加えて軽く炒め、米を入れて混ぜる。①の熱いスープを加え、中火で4～5分静かに混ぜながら煮る。こしょうで味をととのえる。

④表面を平らにし、アサリ、三度豆を飾り弱火にする。アルミホイルでフタをし15分煮る。米がスープを吸ったら火を強め、鍋底からピチピチと音がしたら火を止め、フタをしたまま10分蒸らす。

⑤レモンを切って添える。

※33㎝のパエリヤ鍋使用。サフランは高価だが、香りが良いのでぜひ入れたい。ターメリック（小さじ2）でも代用可。

（1人分：エネルギー602㎉）

スモーク料理に挑戦！

ダッチオーブン（鉄鍋）を使ったアウトドア料理

ダッチオーブンはフタが重く蓄熱性や密閉性に優れているため、ロースト（焼く、あぶる）、煮る、蒸す、燻製、フタで焼くなど、さまざまな料理が可能。ただし使い始めのシーズニング（慣らし）が必要で、「空焼き→全体に油を薄く塗って焼く」を数回繰り返すことが大切です。長く愛用するためには使った後の手入れも十分に。

ポイント

★食材を入れる前に、チップを敷いてフタをして中～弱火にかける。
★煙が出たら、空間をあけて食材を並べる（このときは弱火）。

作り方

①底にアルミを敷く
②チップを全体に広げる
③網を置く（火にかける）
④食材を並べる
⑤フタをする

手順は簡単！

●燻製目安時間
鶏手羽…塩・こしょうして20分
シシャモ（干物）…10分
ゆで卵…7分
チーズ、かまぼこ…5～7分
※生食できる材料は時間を短くする。
長時間燻製すると、酸味や苦みが出るので注意。

「食と健康」きほんのき

献立をたてる

すばらしい「一汁三菜」の食事スタイル

一九七〇年代の日本人は、ご飯をしっかり食べ、炭水化物が1日エネルギーの約60％を占め、残りのエネルギーを魚、大豆製品と野菜を多く摂ることで、たんぱく質15％、脂質25％の栄養バランスのよい理想的な献立を日常食としていました。そのスタイルはご飯と汁、おかず3品（主菜1品と副菜2品）から構成されている一汁三菜で、一人ひとりに膳組みされていました。

地域に根ざした多様な食材を使用し、素材のよさを「だし」で生かした和食の文化は栄養的にも優れています。一九七七（昭和五十二）年、米国栄養問題特別委員会から提出されたレポートで、「米国人は動物性脂肪、砂糖、加工食品に依存した食事をしているが、世界の食生活のなかで、もっとも健康によい食事は日本食である」と紹介されました。

その日本型食生活の栄養バランスのよさは、左ページの表に示した7群の食材を毎日の食卓に上がる料理に使用することで、動物性脂質の少ない良質のたんぱく質が摂れ、微量栄養素のビタミン、ミネラル類や不足しがちな食物繊維を摂取することができる、栄養バランスの優れた食事スタイルであると分析されています。

しかし近年、日本人の食事は欧米化し、肉や油脂の過剰摂取から、メタボリックシンドロームや生活習慣病を招いています。また盛り付けも共同盛りが多く、子どもたちが苦手な野菜にほとんど手を付けなくても把握しにくくなりました。

優れた日本の伝統食の一汁三菜の献立を見直してみましょう。キーワードは7群の食材の頭文字を取った**「ま・ご・は・や・さ・し・い」**（孫は優しい）。新鮮でおいしい旬の食材を選び、味に変化をつけた食事を楽しむことで、心と体の健康を育みましょう。また、よく噛んで食べると脳を刺激し、満腹感も得られます。ご飯とおかずの交互食べは、素材の味が感じられるなど、食べ方も大切です。

主食はご飯などのでんぷん食品で、体や脳を動かすエネルギー源となります。**主菜**は季節の魚や肉などのたんぱく質食品で、体の肉、骨、内臓、血液、皮膚、ホルモン、酵素などの材料となり、**副菜**は旬の野菜、きのこ、海藻、芋などで、体の機能を調整するビタミン、ミネラル、食物繊維を豊富に含んでいます。副菜と汁物で使用する食品群は、7つの食品群中、主食と主菜に使用されていない残りの食品群をまんべんなく使用しましょう。

ただし、汁物は食塩の摂り過ぎになるので一日一回とします。具だくさんの汁にすると、栄養的にも減塩の面でも優れたものになります。主菜と副菜は大皿一つに盛っても、バランスがとれていれば問題はありません。

（表）

	食品群	栄養素
ま	豆（大豆・大豆製品）	たんぱく質、ビタミン、食物繊維
ご	ごま（種実類）	カルシウム、たんぱく質、食物繊維、ミネラル
は（わかめ）	海藻類	たんぱく質、ビタミン、ミネラル、食物繊維
や	野菜類	ビタミン、ミネラル、食物繊維
さ	魚類	たんぱく質、鉄、EPA、DHA
し（しいたけ）	きのこ類	食物繊維、ビタミン
い	芋類	食物繊維、ビタミン

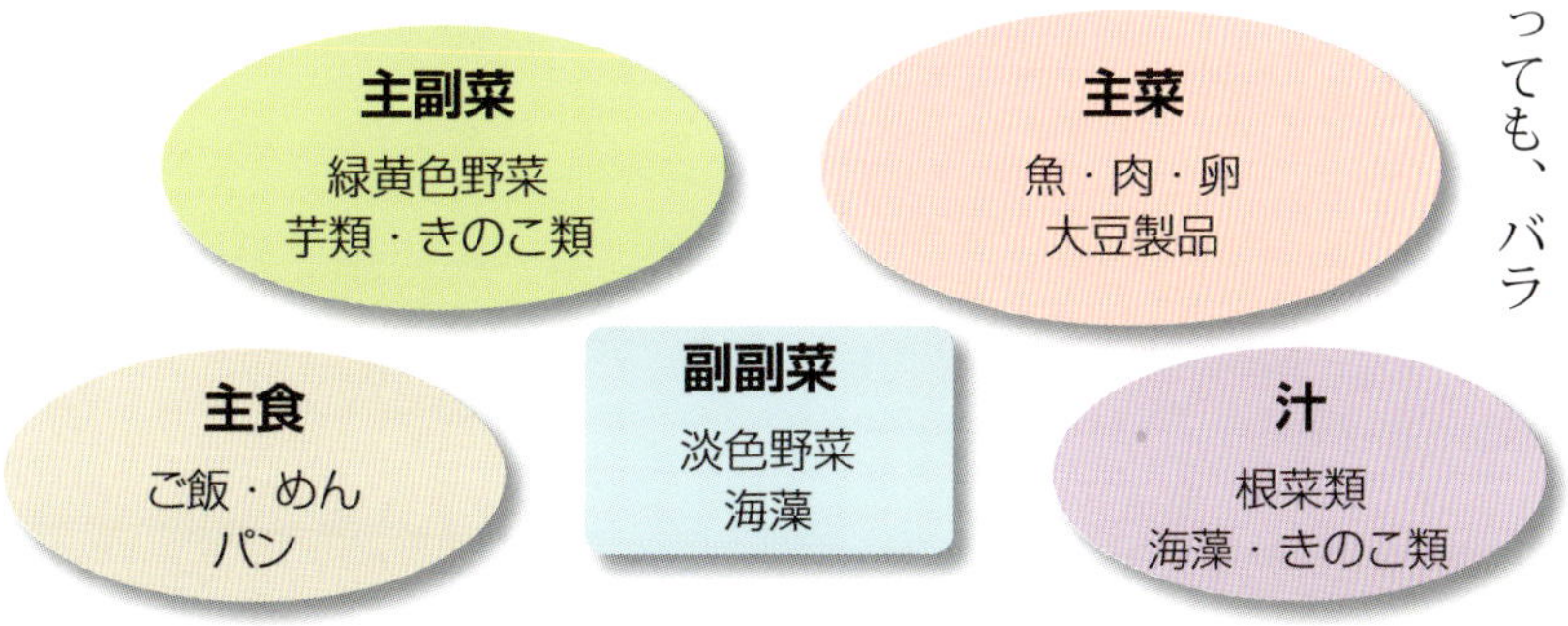

「食と健康」きほんのき

おいしい〝だし〟が和食の基本

食べ物の味は「甘味」「酸味」「塩味」「苦味」の４つと、一九〇七（明治四十）年に池田菊苗博士が発見した「うま味」の５原味が基本です。うま味は昆布などに含まれるグルタミン酸、カツオ節などに含まれるイノシン酸、干しシイタケなどに含まれるグアニル酸などがあり、和食の世界文化遺産登録とともに注目を集め、〝Umami〟は国際的な言葉となっています。

うま味は、和食に欠かせない「だし」にあります。取りたてのだしは、香りも味もひときわおいしく、また栄養価にも優れています。だしをきかせて素材の持ち味を生かすことにより、塩分を控えてもおいしく食べられるので健康的です。

だしを取るのは難しく考えがちですが、材料を水に浸けておけば、手間も時間も少なくて済み意外と簡単です。代表的なだしの取り方を紹介しましょう。

■カツオだし

カツオ節には、体の筋肉や血液を作るたんぱく質が豊富で、イノシン酸（免疫力アップ、肌をきれいにする）、ペプチド（降血圧作用、疲労回復効果）、カルシウム、リン、ビタミンD・Eなどが含まれています。また、サバやムロアジなどの混合節（雑節）を使うと、コクのある濃い味のだしが取れます。

〈カツオだしの取り方〉

・一番だし（水1ℓに対して、カツオ節20〜40g／ひとつかみは約5g）
沸騰した水にカツオ節を加え、フタをせず中火で約1分加熱。火を止め、カツオ節が沈んだらこす。

・二番だし（一番だしのだしがら）
一番だしの2分の1の水を加え、中火で3分間沸騰させ、同様にして取る。

だしに使った昆布を活用！

だしを取った後の昆布には、アルギン酸、マグネシウム、カリウム、ヨードなどの栄養素が残っています。特に95％も残っているアルギン酸は海藻の食物繊維で、便秘の解消、コレステロールや血糖値を下げる、また昆布エキスは、皮膚に付着した老廃物を除去する効果があることから、美容パックにも使われています。

■昆布だし

昆布には食物繊維のほか、高血圧・大腸がん・糖尿病などの予防に効果的なアルギン酸、甲状腺ホルモンの材料であるヨード、甲状腺機能の活性化や腸の粘膜を丈夫にするグルタミン酸、カリウム、カルシウムなどが含まれています。昆布は色が濃く、厚いものを選びましょう。

〈昆布だしの取り方〉
- 水出し（水1ℓに対して、昆布10g／ハガキ大が10～15g）
  水に約10時間浸ける。
- 煮出し（水1ℓに対して、昆布10～40g／水出しの約半量）
  水に30分浸けた後、中火で加熱し、沸騰し始めに引き上げる。

※80度（沸騰し始めの温度）以上で加熱すると、ぬめりが出て昆布臭くなる。

■煮干だし

小魚を煮て干したものが煮干。片口イワシ、マイワシ、ウルメイワシ、キビナゴ、アジ、サバ、トビウオ（あご、焼き干し）などの種類があります。煮干は新しいものを選ぶのがポイント。頭、尾、うろこがしっかり付いて、銀色で光沢のあるものが新鮮です。

〈煮干だしの取り方〉
頭と内臓を取り、たて二つに裂く。
水に30分浸けた後、約5分沸騰加熱、アクを取り除き、こす。

■混合だし

うま味はそれぞれ単独で味わうより、うま味を組み合わせると相乗効果により強いうま味が生じます。特に、カツオ節と昆布の混合だしは単独の場合の6.5倍ものうま味が得られます。

〈カツオ節・昆布の混合だしの取り方〉
昆布だしの取り方で、昆布だしを取り、昆布を引きあげてから沸騰したところに、カツオ節を加えて、カツオだしの取り方に準ずる。

〈昆布・煮干の混合だしの取り方〉
昆布、煮干を水に10分間浸ける。沸騰し始めに昆布を引き上げる。沸騰後、煮干を加え、3分加熱。火を止め、アクを取り、こす。

■追いガツオをすると、さらに良い香りに！

大豆と昆布の煮物

○材料
大豆（水煮）……100g
昆布……30g
水……カップ1
しょうゆ……大さじ1
みりん……大さじ1
（砂糖の場合は小さじ2）
酢……小さじ2
粉削り節……小さじ1

○作り方
材料を鍋に合わせ、中火～弱火で煮詰める。

昆布ふりかけ

○材料
昆布、カツオ節、煎りごま、青のり、塩
（好みで七味唐辛子、いりこ）
※材料は好みの配合とする

○作り方
昆布は細かくカットし、よく乾燥させ、ミキサーやフードプロセッサーにかけて、粉末状にする。他の材料と好みの配合で混ぜる。

昆布チップス

○材料
昆布、みりん、白ごま（または刻み落花生）、塩

○作り方
- 料理バサミを使用して、昆布を短冊状にカットする。ザルの上に置き、表面を乾かす。
- ハケでみりんを塗り、白ごま（または砕いた落花生）をふりかける。好みで少量の塩をふる。
- 電子レンジで、様子を見ながらパリッとするまで加熱する。

「食と健康」きほんのき 栄養バランスの基礎知識

知っておきたい食のバランス

「食事はバランスよく摂りましょう」とよくいわれますが、どのようにすればバランスよく摂取することができるのでしょうか。

厚生労働省と農林水産省は、二〇〇五（平成十七）年に生活習慣病予防の観点から、「何を、どれだけ食べたらよいのか」をわかりやすく理解してもらうため、コマの形をした「食事バランスガイド」を示しました。

1日の食事を「主食」「副菜」「主菜」「牛乳・乳製品」「果物」の5つの料理区分に分けて、いくつずつ食べたらよいのかを示しています。「食事バランスガイド」を活用しながら、バランスのよい食べ方をしましょう。

コマの軸は水分です。1日の水分は30㎖×体重（例：30㎖×50㎏＝1500㎖）で計算した量が必要です。また、コマを回転させるためには運動が必要です。コマのひもは食生活の楽しみとしての嗜好品（200kcal）です。和菓子だと1つ、ショートケーキだと半分が200kcalですので、摂り過ぎに注意しましょう。

食事量のカウントの仕方

○主食
- ご飯100g→１つ
- お茶碗１杯→1.5つ
- 食パン（6枚切）1枚→1つ
- うどん・そば・丼もの→2つ

○副菜
- 小鉢に入る野菜の量（70ｇ）→１つ
- 野菜炒め→２つ

○主菜
- 卵１個、納豆1パック→１つ
- 魚料理→２つ
- 肉料理→３つ

○牛乳・乳製品
- チーズ1枚および
- ヨーグルト（小）１パック→１つ
- 牛乳コップ1杯（200㎖）→2つ

○果物
- 100g→１つ
- オレンジ1個（温州みかんは2個）、もも1個、ぶどう１房→それぞれ１つ

若い女性の食事例

若い女性が1日にバランスよく食べるための食事例です（2000kcal）。
1日に主食５つ、副菜６つ、主菜４つ、牛乳・乳製品2つ、果物2つを摂取しましょう。健康維持増進には、副菜の6つが重要です。

食事例	献　立	主食	副菜	主菜	牛乳・乳製品	果物	嗜好品
		5つ	6つ	4つ	2つ	2つ	200kcal
朝食	サンドイッチ コーヒー	食パン４枚切１枚　1.5	野菜サラダ　1	ゆで卵　1	チーズ1枚　1		コーヒー1杯
昼食	焼き飯　スープ 和え物 フルーツヨーグルト	焼き飯1皿　2	野菜スープ　1 ほうれん草のごま和え　1		ヨーグルト　1	キウィ1個　1	
夕食	ご飯　味噌汁 酢の物　豚肉照り焼き デザート	ご飯1杯　1.5	野菜のみぞれ酢和え　2 味噌汁　1	豚肉の照り焼き　3		りんご半分　1	
おやつ	わらびもち						160kcal
合　計		5	6	4	2	2	200kcal

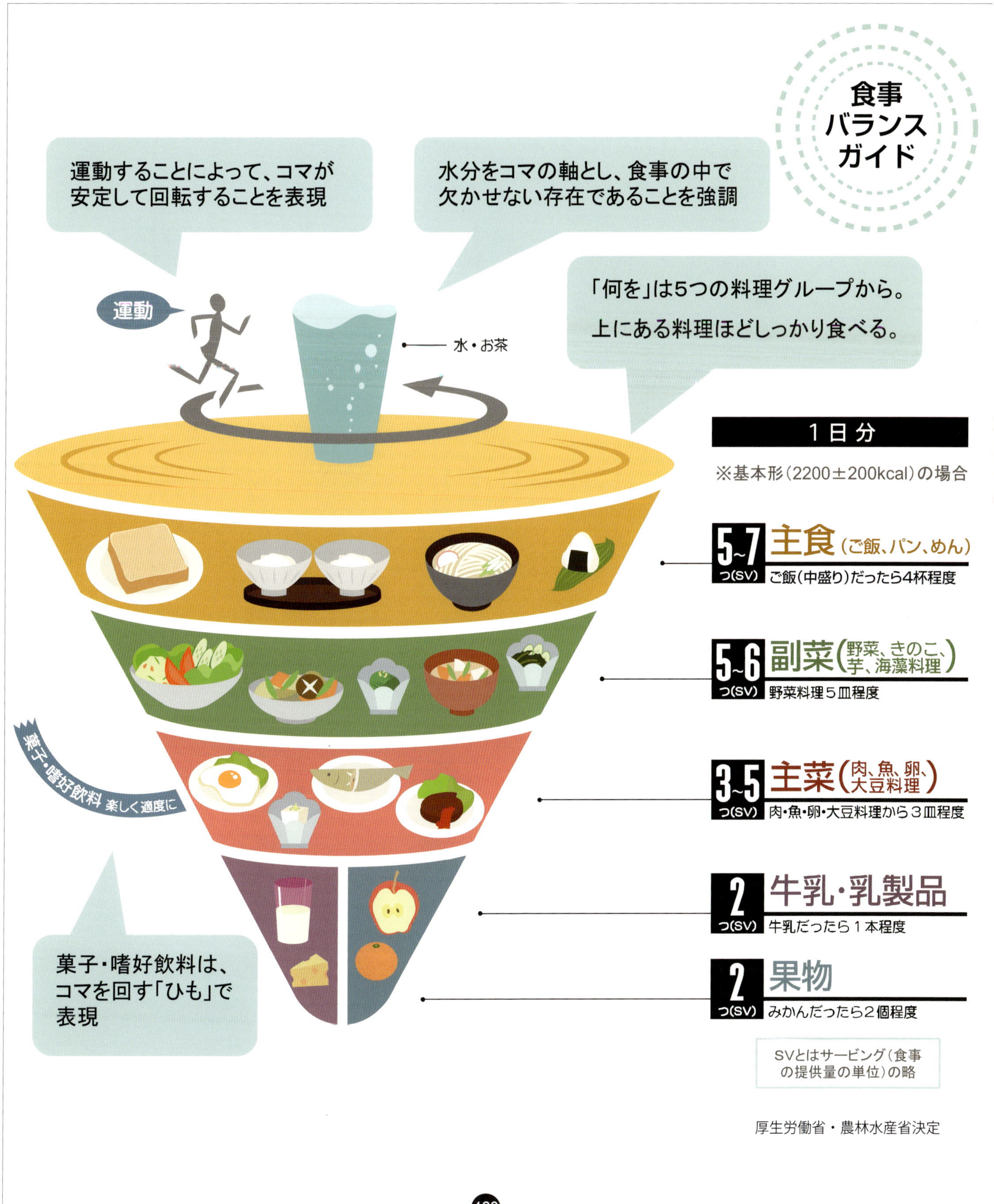
食事
バランス
ガイド
運動することによって、コマが
安定して回転することを表現
水分をコマの軸とし、食事の中で
欠かせない存在であることを強調
「何を」は5つの料理グループから。
上にある料理ほどしっかり食べる。
運動
水・お茶
1日分
※基本形（2200±200kcal）の場合
5~7 つ(SV)
主食（ご飯、パン、めん）
ご飯（中盛り）だったら4杯程度
5~6 つ(SV)
副菜（野菜、きのこ、芋、海藻料理）
野菜料理５皿程度
3~5 つ(SV)
主菜（肉、魚、卵、大豆料理）
肉・魚・卵・大豆料理から３皿程度
2 つ(SV)
牛乳・乳製品
牛乳だったら１本程度
2 つ(SV)
果物
みかんだったら２個程度
菓子・嗜好飲料 楽しく適度に
菓子・嗜好飲料は、
コマを回す「ひも」で
表現
SVとはサービング（食事の提供量の単位）の略
厚生労働省・農林水産省決定

京都女子大学　栄養クリニックの紹介

食の大切さを学内外へ発信

京都女子大学栄養クリニックは、二〇〇八（平成二十）年京都女子大学の附属研究施設として開設されました。管理栄養士の実践教育をはじめとし、広く健康・栄養に関わる学術研究を深め、その成果を学内の教育だけでなく、社会に還元することを目的にしています。

地域貢献の役割を担って

今、大学は教育・研究の成果を上げるだけでなく、地域に開かれた大学として教育・研究成果を社会に還元できる能力が求められ、具体的な地域への貢献度が評価される時代です。

少子高齢化社会での健康のあり方、医療・介護負担の軽減や食育の推進など、多くの社会的課題のなかでも国民の生活習慣改善の取り組みは、健康寿命の延伸につながり、その重要性が広く認められています。

京都女子大学栄養クリニックは、地域住民がより望ましい健康状態を維持できるように、健康・栄養に関するさまざまな情報提供や住民参加型の事業を展開していくことで、地域連携の拠点としての役割を果たすことをめざしています。

広く深く社会と連携

地域社会と手を結ぶ京都女子大学栄養クリニックの取り組みと活動内容を紹介しましょう。

◎一般住民を対象に

離乳期、幼児期・学童期を支援する料理教室、成人期の肥満改善や生活習慣病の予防の料理講座、高齢者を対象とした健康料理教室などを開催。「いやしの食卓を演出するテーブルコーディネート」や栄養相談、大学祭での栄養アセスメント・栄養相談なども実施しています。

◎地域連携に尽力

大学のある東山区の地域力推進室とは、「京の伝統料理の伝承のための親子料理教室」や「高齢者の料理教室」などを開催し、青少年活動センターとは、「手作りの器も味わう・京のおばんざい料理教室」などを共催。京都市とは、高齢者福祉センター（約20施設）での骨密度測定と栄養相談を行っています。また東日本大震災の被災地では、年6回の訪問による栄養管理面からの支援も行っています。

◎共催事業として

京滋骨を守る会との「骨を強くする料理講習会」、京都中央信用金庫との「中信ビジネスフェア」での栄養アセスメントと栄養相談、読売新聞社との食ｗｉｔｈプロジェクトによる

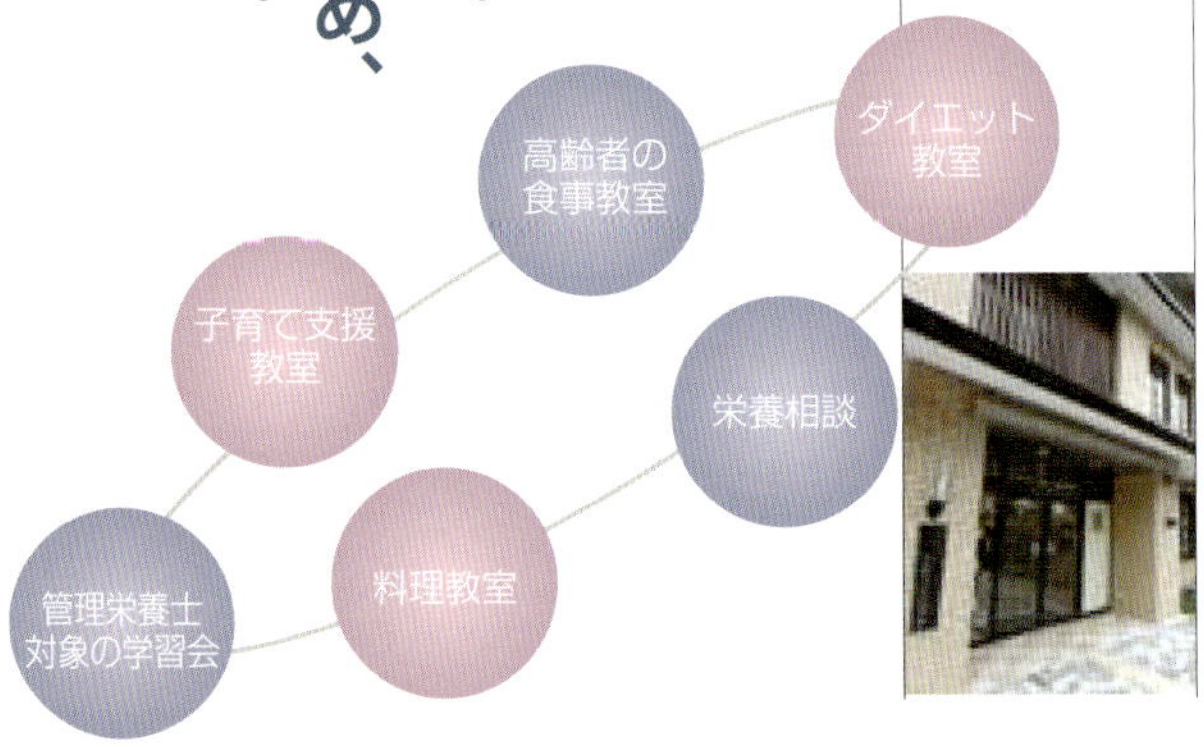

全国の高校生が作るレシピコンテスト「レンピ甲子園～健康、笑顔のあさごはん」など。また、管理栄養士や調理師などの専門職を対象とした研究会や保育所、保健所、高齢者福祉センター、研究機関などでの講演、新聞のコラム記事執筆など。

◎学園内では

二〇〇六（平成十八）年度から附属小学校と大学の連携事業として取り組んできた「附小ランチ」は、二〇一四（平成二十六）年度より年160回の給食（スクールランチ）に発展しました。学生生活センターや味の素ＫＫとの共催で大学生の調理力をつける料理教室を開くほか、学生サークル活動（料理）の場を提供しています。

管理栄養士養成のための教育

京都女子大学栄養クリニックは、管理栄養士を養成する食物栄養学科の大学院生や学部学生の教育の場です。当クリニックの事業に参加する年間の学生延べ数は400～500名に達し、授業で学んだ栄養知識や栄養指導の専門技術を、一般の方を対象に実践しています。

生活様式が多様化した現代社会では、個々の人生観や生活環境はさまざまで、栄養相談以前に、個々の置かれている状況を理解し共有した上で、栄養指導の課題を決定し、相手の知識や要求に合わせて解決していくためのスキルが求められます。

一般の住民を対象にした、栄養クリニック指導員の教え方を学び、コミュニケーション能力を身につけるなど、より多くの実践的な学習を体験し、必要な技術を研鑽して、実践力のある管理栄養士の育成をめざしています。また、卒業後も生涯学習への参加を呼びかけ、管理栄養士の資質の向上と情報交換の場となっています。

京都女子大学
栄養クリニック（R研究所棟）
〒605-8501
京都市東山区今熊野北日吉町35番地
TEL：075-531-2136
FAX：075-531-2153
E-mail：eiyou-clinic@kyoto-wu.ac.jp

閉館日　日曜・祝日、お盆や年末年始など
（必ず電話による事前予約が必要です）
※夏期２週間、冬期２週間、春期１週間の休みがありますので、行事予定をご確認のうえお問い合わせください。

京都女子大学栄養クリニック	検索

つよく かしこく 美しく **京女レシピ**

2015年5月15日　第一刷発行

監　　修　京都女子大学栄養クリニック

デザイン　土屋　美津子（DESIGN WORKS）

発　　行　本願寺出版社
〒600-8501　京都市下京区堀川通花屋町下る
Tel.075-371-4171
Fax.075-341-7753
http://hongwanji-shuppan.com/

印　　刷　図書印刷株式会社

定価はカバーに表示してあります。　IT04-SH1-①50-51

ISBN978-4-89416-080-4　C0027

ご家庭で気軽に「お斎《とき》」を！
本願寺出版社の精進レシピ集

『イタリアン精進レシピ』

著者：笹島 保弘 （「イルギオットーネ」オーナーシェフ）
定価：本体価格 1,600 円＋税
サイズ：B 5 判

仏事の際にいただく精進料理「お斎」を、イタリア料理で。

「うどのカルパッチョ ケッカソース」「あったか京野菜たっぷりのミネストローネ 白味噌風味」「季節のフルーツいっぱいのマチェドニア～あんみつ風」など、旬の京野菜を取り入れ、彩りもゆたかな簡単精進レシピ 56 点。

『イタリアン精進レシピ 2』

著者：植竹 隆政 （「カノビアーノ」オーナーシェフ）
定価：本体価格 1,600 円＋税
サイズ：B 5 判

読者の要望に応えた新展開のイタリアン精進レシピ第 2 弾。

「オクラともずくの冷製カッペリーニ」「きりぼし大根の甘酢マリネ 黄柚子風味」「紅茶餡の生八つ橋 カネール添え」など、短時間で簡単に作れ、彩りもゆたかな「お斎」レシピ 65 点を掲載。

『感謝の精進料理』

著者：杉本 節子 （料理研究家）
定価：本体価格 1,600 円＋税
サイズ：A 4 判

「精進クリームシチュー」「精進ぎょうざ」「新じゃが芋とえんどう豆の生姜あん」「いちごの豆乳かん」など、旬の野菜や身近な乾物を素材にした古今和洋のオリジナル精進レシピ約 100 点を掲載。

亡き人を偲ぶためだけでなく、今、生かされていることをよろこび、あらゆるいのちに感謝する浄土真宗の「お斎」のこころを伝える。